上海市职业教育"十四五"规划教材

船舶焊接

主　编　韦方方
主　审　张鸣春

哈尔滨工程大学出版社
Harbin Engineering University Press

内容简介

本书根据现代造船工艺中主要的焊接技术应用现状进行编写，从船舶企业对焊工技能的实际需求出发，包括以下四方面内容：一是焊条电弧焊的平敷焊、角接焊、板对接焊及管子对接焊（2G、5G）操作；二是 CO_2 气体保护半自动焊的平敷焊、角接焊、对接焊及陶质衬垫单面对接焊操作；三是钨极氩弧焊的平敷焊、角接焊、板对接焊及管子对接焊（2G、5G）操作；四是增加了知识拓展内容，介绍了船舶高效自动焊工艺的最新应用成果。

本书注重工艺要点基础知识的讲解，以突出实际操作技术为核心，充实国内技能人才操作培训内容，可作为企业电焊工培训的指导用书，亦可作为高职高专、技工学校等职业教育的参考用书。

图书在版编目（CIP）数据

船舶焊接/韦方方主编. —哈尔滨：哈尔滨工程大学出版社，2023.7

ISBN 978-7-5661-3955-9

Ⅰ.①船… Ⅱ.①韦… Ⅲ.①造船—焊接工艺—教材 Ⅳ.①U671.83

中国国家版本馆 CIP 数据核字（2023）第 098006 号

船舶焊接

CHUANBO HANJIE

选题策划 史大伟 雷 霞
责任编辑 张志雯
封面设计 李海波

出版发行 哈尔滨工程大学出版社
社　　址 哈尔滨市南岗区南通大街 145 号
邮政编码 150001
发行电话 0451-82519328
传　　真 0451-82519699
经　　销 新华书店
印　　刷 哈尔滨午阳印刷有限公司
开　　本 787 mm×1 092 mm 1/16
印　　张 10.5
字　　数 275 千字
版　　次 2023 年 7 月第 1 版
印　　次 2023 年 7 月第 1 次印刷
定　　价 39.00 元

http://www.hrbeupress.com
E-mail:heupress@hrbeu.edu.cn

前　言

在推进新型工业化，加快建设制造强国、质量强国、航天强国、交通强国、网络强国、数字中国，实施人才强国战略，努力培养造就更多大国工匠、高技能人才的二十大精神指引下，伴随着我国造船工业的飞速发展，先进的焊接技术在船舶生产中得到越来越广泛的应用，技能人才队伍建设也得到了更多的重视。为了更好地帮助广大船舶焊接工人提升整体技能水平，培养更多具备"爱岗敬业的职业精神、精益求精的品质精神、协作共进的团队精神、追求卓越的创新精神"的船舶工才，我们编写了《船舶焊接》一书。

本书根据现代造船工艺主要焊接技术应用现状进行编写，从船舶企业对焊工技能的实际需求出发，包括以下四方面内容：一是焊条电弧焊的平敷焊、角接焊、板对接焊及管子对接焊（2G、5G）操作；二是 CO_2 气体保护半自动焊的平敷焊、角接焊、对接焊及陶质衬垫单面对接焊操作；三是钨极氩弧焊的平敷焊、角接焊、板对接焊及管子对接焊（2G、5G）操作；四是增加了知识拓展内容，介绍了船舶高效自动焊工艺的最新应用成果。

本书在编写过程中得到了相关船舶企业焊工大师和工程技术人员的大力支持，在此深表感谢！由于编者学识水平和生产实践经验有限，书中难免有不当之处，恳请广大读者给予批评和指正。

编　者

2022 年 9 月 17 日

目　　录

模块 1　焊条电弧焊

任务 1.1　焊条电弧焊的平敷焊操作

1.1.1　核心概念

平敷焊、引弧、运条、收弧(图 1-1)

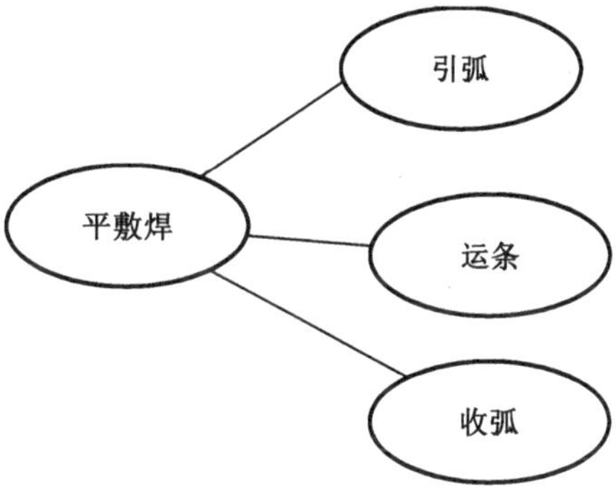

图 1-1　核心概念

1.1.2　学习目标

1. 能根据焊接要求,正确选择工具和材料。
2. 能规范调试焊接设备,调节工艺参数。
3. 能规范完成焊条电弧焊的平敷焊基本操作过程,包括引弧、运条手势、收弧方法等。
4. 能检验焊接效果与质量,改进与完善焊接操作。
5. 能养成严谨细致、精益求精的工匠品格,以及良好的安全文明操作习惯。

1.1.3　基本知识

1. 平敷焊概念

平敷焊是焊件处于水平位置时,在焊件上堆敷焊道的一种操作方法。在选定焊接工艺参数和操作方法的基础上，利用焊接电流、电弧电压、焊接速度，达到控制熔池温度、熔池形状来完成焊缝焊接(图 1-2)。平敷焊是初学者进行焊接技能训练时所必须掌握的一项基本技能，此项焊接技术易掌握，焊缝表面应无气孔、脱节、夹渣等缺陷，以获得良好焊缝成形和焊缝质量。

图 1-2　平敷焊

2. 焊条基本知识

涂有药皮的供弧焊用的熔化电极称为电焊条，简称焊条。焊条由焊芯和药皮(涂层)组成。通常焊条引弧端有倒角，药皮被除去一部分，露出焊芯端头，有的焊条引弧端涂有引弧剂，使引弧更容易。在靠近夹持端的药皮上印有焊条牌号。

焊条中被药皮包覆的金属芯称为焊芯。用焊条进行电弧焊时，焊芯与焊件之间产生电弧并熔化为焊缝的填充金属。焊芯既是电极(传导电流)，又是填充金属。常作为焊芯的专用的金属丝(焊丝)分为碳素结构钢、低合金结构钢和不锈钢等。焊芯的成分将直接影响熔敷金属的成分和性能，各类焊条所用的焊芯见表 1-1。

表 1-1　各类焊条所用的焊芯

焊条种类	所用焊芯
低碳钢焊条	低碳钢焊芯(H08A 等)
低合金高强钢焊条	低碳钢或低合金钢焊芯
低合金耐热钢焊条	低碳钢或低合金钢焊芯
不锈钢焊条	不锈钢或低碳钢焊芯
堆焊用焊条	低碳钢或合金钢焊芯，低碳钢、铸铁、非铁合金焊芯
铸铁焊条	铸铁、非铁合金焊芯
有色金属焊条	有色金属焊芯

(1)焊条药皮的作用

涂敷在焊芯表面的有效成分称为药皮，也称涂层。焊条药皮是矿石粉末、铁合金粉、有机物和化工制品等原料按一定比例配制后压涂在焊芯表面上的一层涂料。其作用如下：

①机械保护　焊条药皮熔化或分解后产生气体和熔渣，隔绝空气，防止熔滴和熔池金属与空气接触。熔渣凝固后的渣壳覆盖在焊缝表面，可防止高温的焊缝金属被氧化和氮化，并可减慢焊缝金属的冷却速度。

②冶金处理　通过熔渣和铁合金进行脱氧、去硫、去磷、去氢和渗合金等焊接冶金反

应,可去除有害元素,增添有用元素,使焊缝具备良好的力学性能。

③改善焊接工艺性能　药皮可保证电弧容易引燃并保持稳定持续燃烧;同时减少飞溅,改善熔滴过渡和焊缝成形等。

(2)焊条药皮的组成

①稳弧剂　可使焊条在引弧和焊接过程中起改善引弧性能和稳定电弧燃烧的作用。主要的稳弧剂有水玻璃(含有钾、钠碱土金属的硅酸盐)、钾长石、纤维素、钛酸钾、金红石、还原钛铁矿、淀粉等。

②造渣剂　焊接时产生熔渣保护液态金属和改善焊缝成形。主要的造渣剂有大理石、白云石、菱苦土、氟石、硅砂、长石、白泥、白土、云母、钛白粉、金红石、还原钛铁矿等。

③脱氧剂　用于脱除熔化金属中的氧,以提高焊缝性能。常用的脱氧剂有锰铁、硅铁、钛铁、铝铁、铝粉、石墨等。

④造气剂　产生气体对液态的金属起机械保护作用。常用的造气剂有大理石、白云石、菱苦土、淀粉、木粉、纤维素、树脂等。

⑤稀渣剂　改善熔渣的流动性能,包括熔渣的熔点、黏度和表面张力等物理性能。主要稀渣剂有氟石、冰晶粉、钛铁矿等。

⑥合金剂　补偿焊接过程中的合金烧损和向焊缝过渡必需的合金元素。常用的合金剂有锰铁、硅铁、钼铁、钒铁、铬粉、镍粉、钨粉、硼铁等。

⑦黏结剂　用于黏结药皮涂料,使它能够牢固地涂压在焊芯上。主要的黏结剂有钠水玻璃、钾水玻璃和钾钠水玻璃三种。

(3)焊条药皮强度的检验方法

焊条药皮应均匀、紧密地包覆在焊芯周围,整个焊条药皮上不应有影响焊接质量的裂纹、气泡、杂质及剥落缺陷。焊条药皮应具有足够的强度。检验方法是:将水平放置的焊条自由落到厚度不小于 14 mm 的水平放置的光滑平整的钢板上。当焊条直径小于 4 mm 时,试验高度为 1 m;当焊条直径大于或等于 4 mm 时,试验高度为 0.5 m。焊条落下后,观察受检焊条药皮破裂情况。如果破裂只在两端,且破裂总长不大于 30 mm,可判定为合格。每次测试 5 根。

(4)焊条的选择

焊条的种类繁多,每种焊条均有一定的特性和用途。选用焊条是焊接准备工作中一个很重要的环节。在实际工作中,除了要认真了解各种焊条的成分、性能及用途外,还应根据被焊焊件的状况、施工条件及焊接工艺等进行综合考虑。选用焊条一般应考虑以下原则。

①焊接材料的力学性能和化学成分　对于普通结构钢,通常要求焊缝金属与母材等强度,应选用抗拉强度等于或稍高于母材的焊条;对于合金结构钢,通常要求焊缝金属的主要合金成分与母材金属相同或相近;在焊件结构刚性大、接头应力高、焊缝容易产生裂纹的情

况下，可以考虑选用比母材强度低一级的焊条；当母材中碳及硫、磷等元素含量偏高时，焊缝容易产生裂纹，应选用抗裂性能好的低氢型焊条。

②焊件的使用性能和工作条件　对承受动载荷和冲击载荷的焊件，除满足强度要求外，还要保证焊缝具有较高的韧性和塑性，应选用塑性和韧性指标较高的低氢型焊条。接触腐蚀介质的焊件，应根据介质的性质及腐蚀特征，选用相应的不锈钢焊条或其他耐腐蚀焊条；在高温或低温条件下工作的焊件，应选用相应的耐热钢或低温钢焊条。

③焊件的结构特点和受力状态　对结构形状复杂、刚性大及大厚度焊件，由于焊接过程中产生很大的应力，容易使焊缝产生裂纹，应选用抗裂性能好的低氢型焊条；对焊接部位难以清理干净的焊件，应选用氧化性强，对铁锈、氧化皮、油污不敏感的酸性焊条；对受条件限制不能翻转的焊件，有些焊缝处于非平焊位置，应选用全位置焊接的焊条。

④合理的经济效益　在满足使用性能和操作工艺的条件下，尽量选用成本低、效率高的焊条。对于焊接工作量大的结构，应尽量采用高效率焊条，如铁粉焊条、高效率不锈钢焊条及重力焊条等，以提高焊接生产率。

3. 焊接操作基本知识

焊条电弧焊平敷焊的基本操作一般包括引弧、运条、接头处理、收弧等。焊接设备及工具包括弧焊整流器、电焊钳、焊条、电焊面罩、砂轮机、钢丝刷、敲渣锤等。

按焊接方向来划分，焊接操作方法有两种，即右焊法和左焊法。焊接时焊枪沿着水平方向由左向右移动叫作右焊法，常用于手工焊条电弧焊。相反，焊接时焊枪沿着水平方向由右向左移动叫作左焊法，常用于手工钨极氩弧焊。

(1)引弧

平敷焊的基本操作姿势有蹲姿、坐姿、站姿，一般采用蹲姿操作较多(图 1-3)。焊接引弧通常有两种方法，即划擦法(适用于碱性焊条)和直击法(适用于酸性焊条)。

(a) 蹲姿　　(b) 坐姿　　(c) 站姿

图 1-3　平敷焊操作姿势

划擦法是先将焊条末端对准焊件，然后像划火柴似的，将焊条在焊件表面划擦，当焊条与焊件接触引燃电弧后立即提起，保持电弧在 2~3 mm 的高度，此时电弧能稳定地燃烧，划擦距离越短越好，一般为 10~20 mm，如图 1-4(a)所示。

直击法则是先将焊条垂直对准焊件，然后用焊条撞击焊件，当出现弧光后，迅速提起焊条并保持 2~3 mm 的距离，使产生的电弧稳定燃烧。操作时必须掌握好手腕下送的动作和上提的距离，如图 1-4(b)所示。

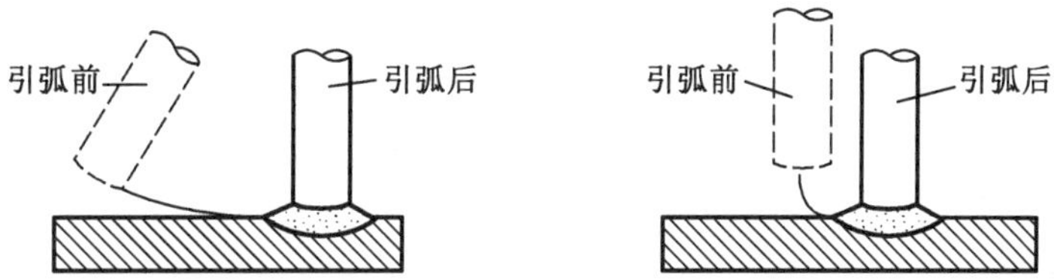

(a) 划擦法　　(b) 直击法

图 1-4　引弧操作方法

(2)运条

在正常焊接时，焊条一般由三个基本运动相互配合，即沿焊条中心线向熔池送进、沿焊接方向移动、焊条横向摆动，如图 1-5 所示。

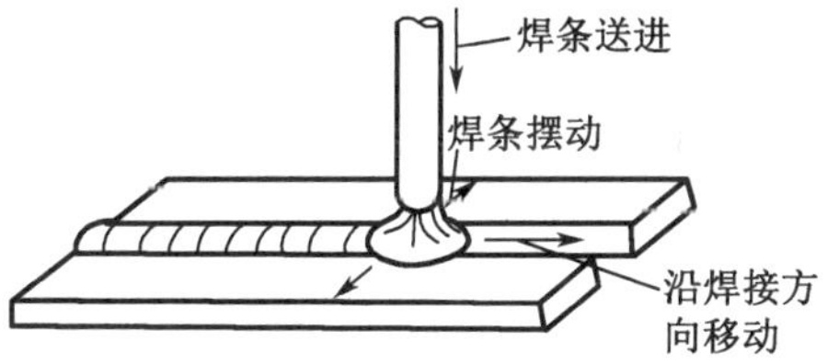

图 1-5　运条操作

焊条送进时沿焊条的中心线向熔池送进，主要用来维持所要求的电弧长度和向熔池添加填充金属。焊条送进的速度应与焊条熔化速度相适应。

焊条纵向移动是焊条沿焊接方向移动，目的是控制焊缝成形，只有焊接速度适中时才能焊成表面平整、焊波(鱼鳞纹)细致而均匀的焊缝，如图 1-6 所示。

焊条横向摆动主要是为了获得一定宽度的焊缝，也是对焊件输入足够的热量。其摆动范围与焊件厚度、坡口形式、焊道层次和焊条直径有关，摆动的范围越宽，则得到的焊缝宽度也越大。

焊接时工件表面与焊条所形成的夹角称为焊条角度。

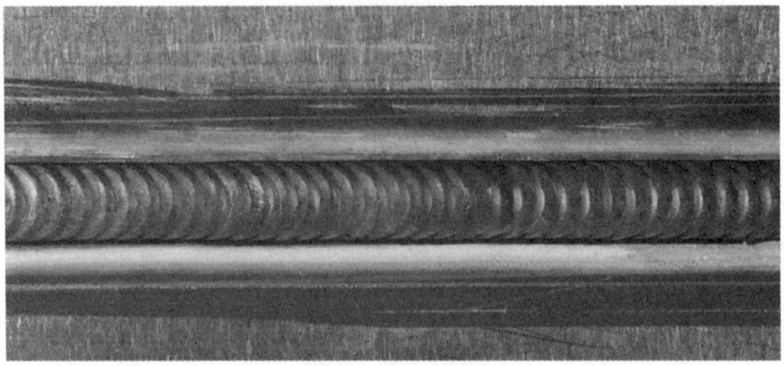

图 1-6　焊缝成形

焊条角度的选择应根据焊接位置、工件厚度、工作环境、熔池温度等来选择，如图 1-7 所示。

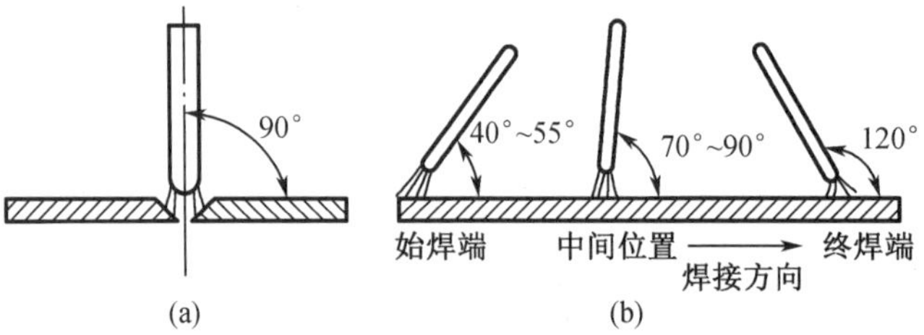

图 1-7　焊条角度

(3)接头处理

在先焊的弧坑前约 10 mm 处引弧，拉长电弧缓慢地移到原弧坑处压低电弧并形成熔池，焊条再做微微转动，使弧坑填满。当新形成的熔池外缘与原弧坑外缘相吻合时，立即向前移动进行正常焊接，如图 1-8 所示。

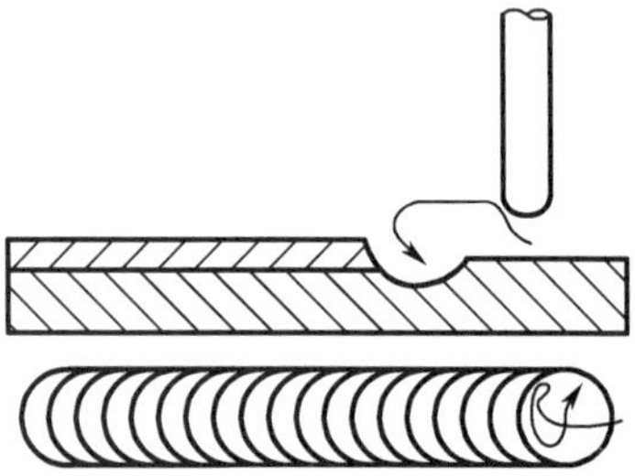

图 1-8　接头处理

由于受到焊条或焊缝长度的局限和操作姿势的变化，可能一根焊条完成不了一条焊缝，因而出现了焊道前后两段的连接。焊道连接一般有以下几种方式：

①后焊焊缝的起头与先焊焊缝结尾相接，如图 1-9(a)所示。

②后焊焊缝的起头与先焊焊缝起头相接，如图 1-9(b)所示。

③后焊焊缝的结尾与先焊焊缝结尾相接，如图 1-9(c)所示。

④后焊焊缝的结尾与先焊焊缝起头相接，如图 1-9(d)所示。

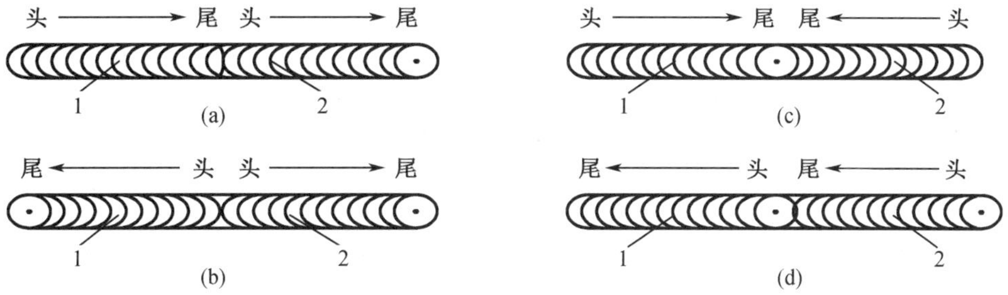

图1-9 接头处理形式

(4)焊缝收弧

焊接时电弧中断和焊接结束,都会产生弧坑,常出现裂纹、气孔、夹渣等现象。为解决弧坑缺陷,必须采用正确的收弧方法。一般常用的收弧方法有划圈收弧法、反复断弧收弧法和回焊收弧法三种。

划圈收弧法是焊条移至焊缝终点时,做圆圈运动,直到填满弧坑再拉断电弧。此法适用于厚板收弧,如图1-10(a)所示。

反复断弧收弧法是焊条移至焊缝终点时,在弧坑处反复熄弧,反复引弧,直到填满为止。此法一般适用于薄板和大电流焊接,如图1-10(b)所示。

回焊收弧法是焊条移至焊缝收弧处即停住,并且改变焊条角度回焊一小段,如图1-10(c)所示。

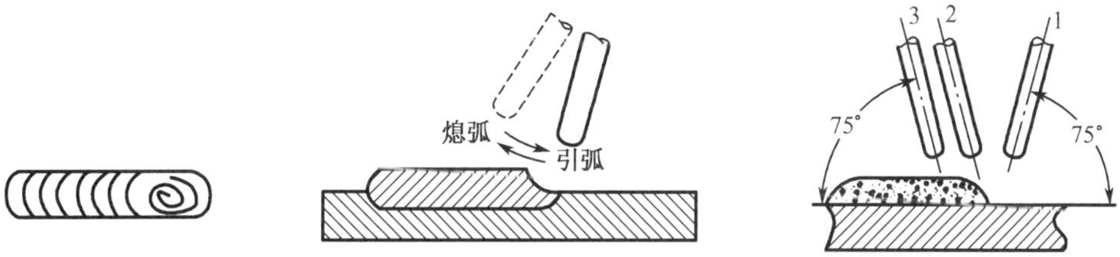

(a) 划圈收弧法　(b) 反复断弧收弧法　(c) 回焊收弧法

图1-10 焊缝收弧

1.1.4 能力训练

1. 任务描述

平敷焊的主要工作任务是在一块钢板上采用焊接的方法完成一条宽度均匀、成形美观的焊缝;主要操作过程是在一块水平位置的钢板上,引燃电弧后通过焊枪的移动形成一条符合要求的焊缝,要求焊接电弧稳定,焊缝外观成形尺寸符合要求,焊缝表面无裂纹、气孔等缺陷。那么作为一名焊接人员,如何引燃电弧和让电弧一直稳定燃烧呢?

2. 操作条件

(1)焊接设备采用 ZX7-400 弧焊整流器。

(2)试板采用低碳钢(Q235A),尺寸为 300 mm×100 mm×12 mm。

(3)焊条采用 E4303(J422),直径为 3.2 mm,电流为 120~130 A。

(4)采用砂轮机将试板表面的油漆或铁锈等清除,直至露出金属光泽。

(5)在试板上用直尺画线。

3. 安全注意事项

(1)正确使用焊接防护用品,身体不要直接接触焊件,换焊条时要戴好焊工手套。

(2)确保工作场所无可燃物,做到有效通风,照明良好。

(3)焊机电源外壳必须有良好的接地或接零,焊枪绝缘手柄必须完整无缺。

(4)焊接时严格遵守电焊作业“十不烧”要求。

(5)焊接时要注意对熔池的观察,熔池的亮度反映熔池的温度,熔池的大小反映焊缝的宽窄;注意对熔渣和熔化金属的分辨。

(6)焊道的引弧、运条、连接和收弧的方法要正确。

(7)正确使用焊接设备。

(8)焊缝的引弧和连接处平滑,无局部过高、过宽现象,收弧处无缺陷。

(9)焊波均匀,无明显焊接缺陷。

(10)焊后焊件非焊接区域无引弧痕迹。

(11)焊接结束切断电源,工具放回指定位置,清扫工作场所,做到工完料清。

4. 操作过程(表 1-2)

表 1-2　平敷焊操作过程

序号	步骤	操作方法及说明	质量标准
1	劳防用品检查	帆布工作服、工作鞋、面罩、手套、防护眼镜等穿戴整齐	工作服、工作鞋等防护用品穿戴规范,无破损或遗漏
2	焊接设备、工具检查	检查接地线是否牢固,焊接电缆线、焊枪是否有破损	接地线牢固,电缆、焊枪表面无破损
3	试件清理	使用角向砂轮机,将待焊处一定范围内的油漆、锈、水分及氧化皮等杂质清理干净	试件表面清洁、干燥,露出金属光泽

表 1-2(续)

序号	步骤	操作方法及说明	质量标准
4	调节焊接参数	根据焊条的直径、结构的厚度及焊接操作的空间位置进行选择。采用 ϕ3.2 mm 焊条,电流为 120~130 A	电流偏差不超过 10%
5	检查周围危险源	检查周围有无易燃易爆物品和不稳定危险因素	排除危险源能保证焊接人员的安全
6	起弧	采用划擦法,先将焊条端部对准试件,然后将手腕扭转,使焊条在试件表面轻轻划擦,划的长度以 10~20 mm 为佳,然后迅速将焊条提起	能顺利起弧,使电弧持续稳定地燃烧
7	运条	保持焊条电弧长度,使三个基本运动相互配合,即沿焊条中心线向熔池送进、沿焊接方向移动、焊条横向摆动(初学练习时焊条可不摆动)	保持如下角度 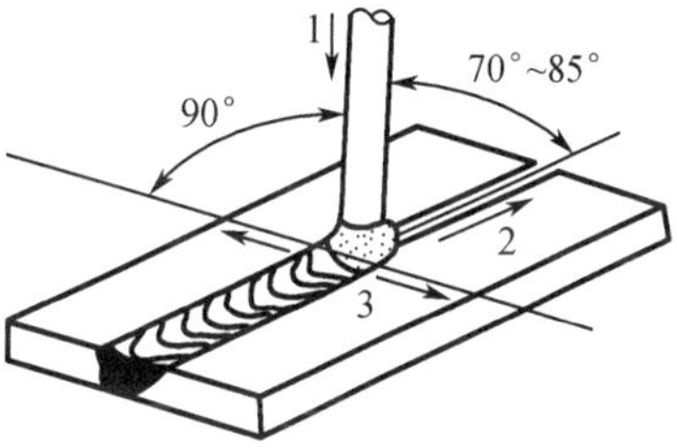
8	收弧	焊条移至焊缝终点时,做圆圈运动,直到填满弧坑再拉断电弧	焊缝外观整齐美观,与母材平滑过渡
9	试件清理	用敲渣锤、凿子、钢丝刷等工具将焊缝表面的焊渣及飞溅清理干净	焊缝表面无焊渣、飞溅等杂质残留,焊缝表面光顺
10	焊后检验	使用手电筒、放大镜、焊接检验尺对焊缝进行外观检测	焊缝表面无缺陷,焊缝尺寸及其偏差在要求范围内
11	焊后安全检查	关闭电源、检查火灾隐患、打扫场地	场地打扫干净、工具设备摆放整齐

问题情景一

在对一个由两块钢板组成的 T 型接头进行装配后，发现局部接头处两块钢板之间的间隙很大，大约 8 mm，远远大于一般间隙要求（≤3 mm）。要确保这个 T 型接头的焊接质量，应该如何处理？

提示　采用平敷焊的方法在 T 型接头的底板上进行堆焊，通过堆焊使两块钢板之间的间隙缩小到 3 mm 以下，打磨清除多余焊缝、焊渣等杂质后再进行 T 型接头的焊接。

问题情景二

一块 200 mm×200 mm×18 mm 的基座垫板安装时由于装配时间隙过大，需要换成 200 mm×200 mm×22 mm 的厚板，但车间没有这种厚度的钢板。试想一下，可以采用平敷焊的方法解决这个问题吗？

提示　先采用平敷焊在垫板上依次堆焊的方法使钢板增加约 5 mm 的厚度，然后再采用机加工方法加工钢板表面，切削减薄至 22 mm。

5. 学习结果评价（表 1-3）

表 1-3　学习结果评价

序号	评价项目	评价标准	评分	得分
1	个人防护	帆布工作服、工作鞋、面罩、手套、防护眼镜等穿戴整齐、规范，无破损。漏做或未做，全扣	20	
2	焊前准备	配电箱完整、无漏电现象；焊接保护接地牢固；试板表面干净，露出金属光泽。每项 5 分	15	
3	焊接过程	焊接电流在 120~130 A；顺利引弧并稳定燃烧；收弧处弧坑饱满。每项 5 分	15	
4	焊后检验	高度≤2 mm，高度差≤1 mm；宽度≤10 mm，宽度差≤2 mm；咬边深度≤1 mm，咬边长度≤30 mm；起始端无明显凸起，无密集气孔；接头处无过高、脱节、宽窄不一等现象；外观无气孔、裂纹、夹渣等缺陷。每项 5 分	30	
5	安全文明生产	无安全隐患、无违章操作。否则不得分	20	

1.1.5　课后作业

1. 填写操作流程

回顾平敷焊操作过程,填写表 1-4。

表 1-4　操作流程要求

工作步骤	步骤简述	注意事项
引弧	划擦法是先将焊条末端对准焊件,然后像__________似的,将焊条在焊件表面划擦,当焊条与焊件接触引燃电弧后立即提起,保持电弧在__________ mm 的高度。 直击法是先将焊条垂直对准焊件,然后用焊条__________焊件,当出现弧光后,迅速提起焊条并保持__________ mm 的距离,使产生的电弧稳定燃烧	引弧前应尽量使焊条端部焊芯__________,若不裸露可用锉刀轻锉,或轻击地面。 初学引弧,要注意防止电弧光__________眼睛。刚焊完的焊件和焊条头不要用手触摸,也不要乱丢,以免烫伤和引起火灾
运条	在正常焊接时,焊条一般有三个基本运动相互配合,即沿焊条中心线向__________、沿__________移动、焊条__________(平敷焊练习时焊条可不摆动)。 沿焊条的中心线向熔池送进,主要用来维持所要求的__________和向熔池添加填充金属。焊条送进的速度应与焊条熔化速度相__________	焊条运至焊缝两侧时应稍作停顿,并__________电弧。 焊条在向前移动时,应达到__________运动,不能时快时慢
接头	在先焊的弧坑前约__________ mm 处引弧,拉长电弧缓慢地移到原弧坑处,压低电弧,焊条再做微微转动,使弧坑填满。当新形成的熔池外缘与原弧坑外缘相__________时,立即向前移动进行正常焊接	接头时应对前一道焊缝端部进行认真的__________工作,必要时可对接头处进行__________,这样有利于保证接头的质量
收弧	焊接时电弧中断和焊接结束,都会产生__________,常出现脱节、裂纹、气孔、夹渣等现象。为克服弧坑缺陷,必须采用正确的收弧方法,一般常用收弧方法有三种,即__________收弧法、__________收弧法和__________收弧法	训练时注意安全,焊后工件及__________应妥善保管,以免烫伤。 焊波__________,无明显焊接缺陷。 焊后__________焊件除焊缝外其他区域无__________痕迹

2. 技能训练

通过多次、反复的练习,掌握基本操作要领,直到能完成符合标准要求的焊缝。

3. 流程描述

将操作时的工作流程进行详细的梳理,结合 5S 管理要求,写在作业本上。

任务 1.2　焊条电弧焊的角接焊操作

1.2.1　核心概念

T 型接头、焊接位置、平角焊、立角焊(图 1-11)

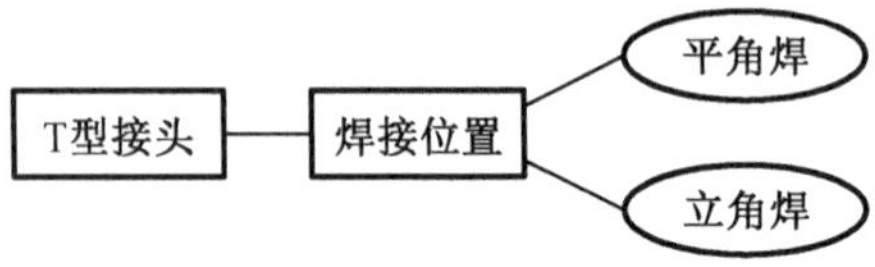

图 1-11　核心概念

1.2.2　学习目标

1. 能根据焊接要求,正确选择工具和材料。
2. 能规范调试焊接设备,选择工艺参数。
3. 能规范完成焊条电弧焊的平角焊、立角焊基本操作过程,包括单道焊、多层多道焊等。
4. 能检验焊接效果与质量,改进与完善焊接操作。
5. 能养成严谨细致、精益求精的工匠品格,以及良好的安全文明操作习惯。

1.2.3　基本知识

1. T 型接头

T 型接头是指一焊件的端面与另一焊件的表面构成直角或近似于直角的接头。T 型接头在焊接结构中被广泛采用,在船体结构中约 70%的接头是 T 型接头。按照焊件厚度和坡口准备的不同,T 型接头可分为不开坡口、单边 V 形坡口、K 形坡口三种形式(图 1-12)。

其中不开坡口的 T 型接头形成的角焊缝根据不同的焊接位置可分为船形角焊、平角焊、立角焊和仰角焊(图 1-13),实际船舶生产中常用的是平角焊和立角焊。

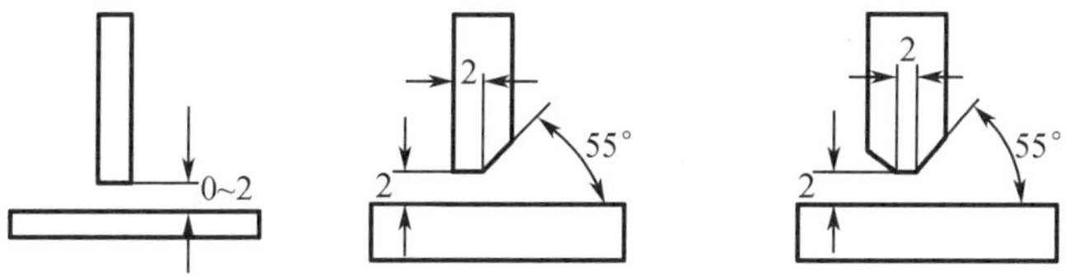

(a) 不开坡口　(b) 单边 V 形坡口　(c)K 形坡口

图 1-12　T 型接头①

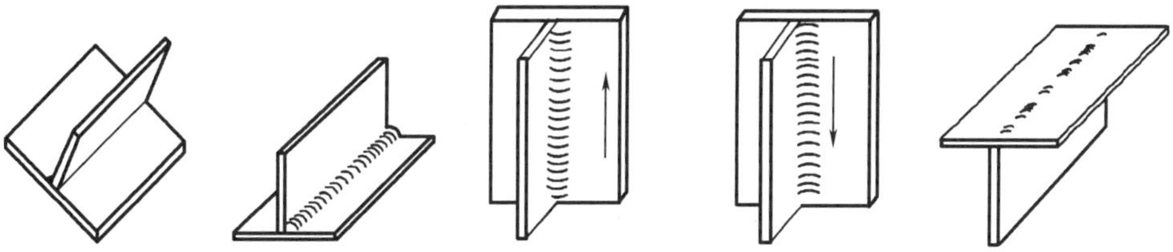

(a) 船形角焊 (FF)　(b) 平角焊 (FH)　(c) 立向上角焊 (FVu)　(b) 立向下角焊 (FVd)　(e) 仰角焊 (FO)

图 1-13　不同焊接位置的 T 型接头

2. 焊脚及焊脚尺寸

焊脚是指在 T 型接头角焊缝横截面中，从一个直角表面的焊趾到另一个直角表面的最小距离。焊脚尺寸是指在角焊缝横截面中划出的最大等腰三角形中直角边的长度。对于凸形角焊缝，焊脚尺寸等于焊脚，如图 1-14 所示；对于凹形角焊缝，焊脚尺寸小于焊脚，如图 1-15 所示。

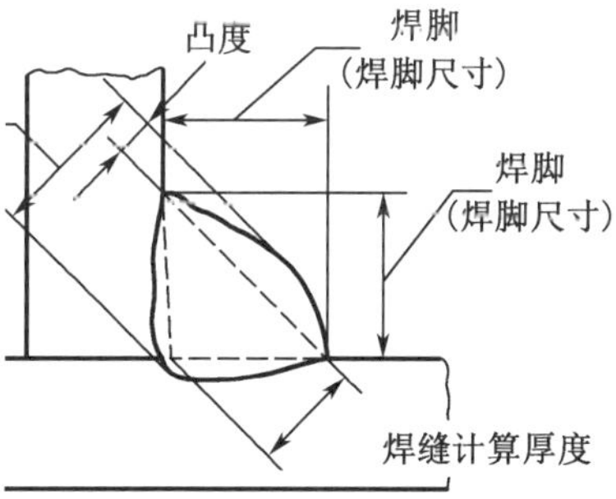

图 1-14　凸形角焊缝

① 图中长度单位均为 mm。

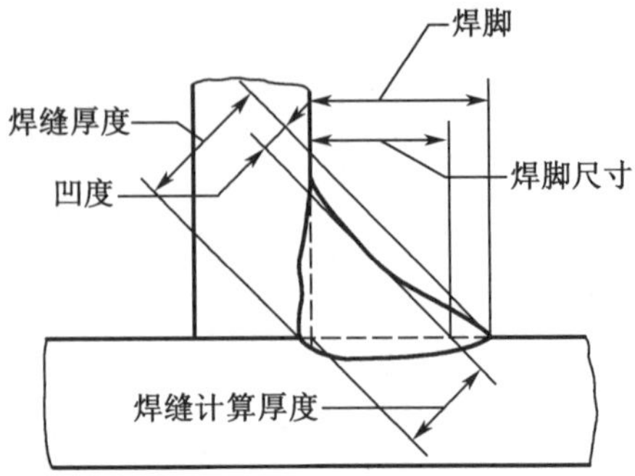

图 1-15　凹形角焊缝

3. 平角焊

平角焊主要是指 T 型接头平焊(图 1-16)。

图 1-16　平角焊

平角焊中,焊脚尺寸小于 7 mm 时,可用单道焊,选用直径 3.2 mm 或 4 mm 的焊条,采用直线形或斜圆形运条法。焊脚尺寸为 6~10 mm 时,可用两层或两道焊的施焊方法。焊第一层时,选用直径 3.2 mm 或 4 mm 的焊条,采用直线运条法;第二层焊接时可选用直径 4 mm 的焊条,采用斜圆形运条法。焊脚尺寸大于 7 mm 时,采用多层多道焊,可选用直径 3.2 mm 或 4 mm 的焊条。多层多道焊时,各焊道的焊条角度如图 1-17 所示。

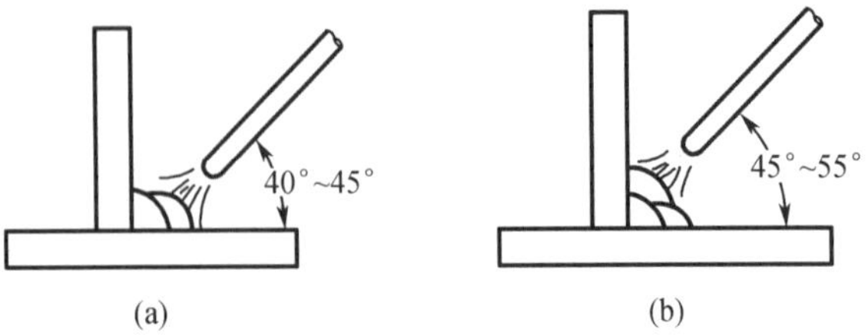

图 1-17　多层多道焊的焊条角度

焊脚尺寸越大，则采用的层数或道数也越多，如图 1-18 所示。

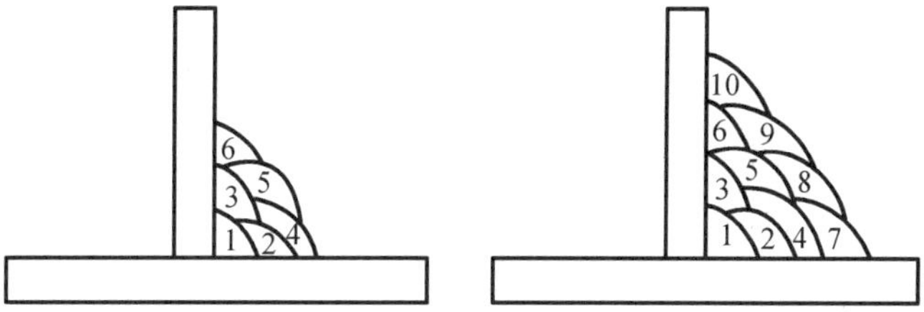

图 1-18　多层多道焊的焊道排列

4. 立角焊

立角焊是 T 型接头焊件处于立焊位置时的焊接操作，有从上向下和从下向上两种施焊方法。实际生产中多采用从下向上施焊(图 1-19)。

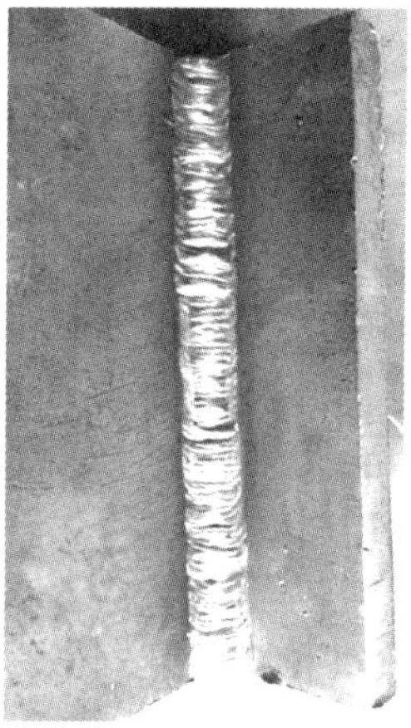

图 1-19　立角焊

立角焊操作的关键是观察熔化金属的冷却情况，焊条要根据熔化金属的冷却情况有节奏地沿着焊缝上下移动、左右摆动。当起焊时出现第一个熔池后，电弧应较快地上移；当看到熔池瞬间冷却成暗红色时，电弧应立即回到弧坑处，并使第二个熔池形成在第一个弧坑的 2/3 处，然后再将电弧上移。这样有节奏地循环往复地进行焊接，就会形成一条成形良好的立角接焊缝。焊条的角度如图 1-20 所示，摆动如图 1-21 所示。

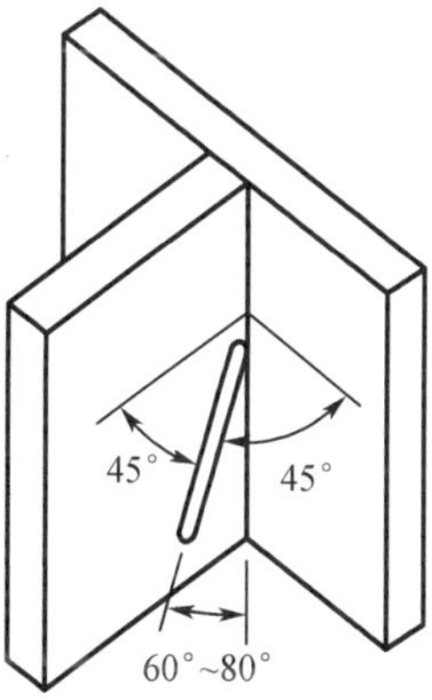

图 1-20　立角焊的焊条角度

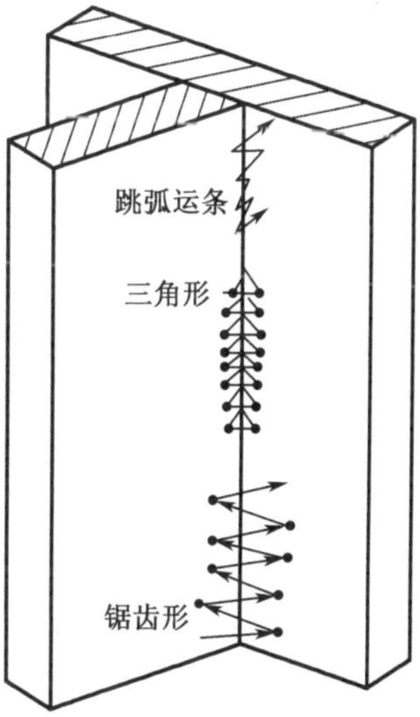

图 1-21　立角焊的焊条摆动

1.2.4 能力训练

1. 任务描述

平角焊、立角焊的主要工作任务是在两块钢板组成的 T 型接头上采用焊条电弧焊的方法完成宽度均匀、成形美观的平角或立角焊缝；主要操作过程是在 T 型接头上根据平角焊或立角焊的位置要求，引燃电弧后移动焊枪形成符合要求的角焊缝，要求角焊缝的焊脚大小尺寸符合要求，成形美观，焊缝表面及内部无夹渣、气孔等缺陷。作为一名焊接人员，该如何保证平角焊和立角焊的焊缝质量呢？

2. 操作条件

(1)焊接设备采用 ZX7-400 弧焊整流器。

(2)试板采用低碳钢(Q235A)，尺寸为 200 mm×125 mm×12 mm，数量为两块。

(3)焊材材料：选用 E5015(J507)焊条，烘干温度为 350~400 ℃，保温 2 h。

(4)焊前清理：对于 T 型接头角焊缝，焊缝的两侧 20 mm 内要清理干净。采用砂轮修磨或化学处理的方式去除板材表面的氧化膜、铁锈、油和水等。

(5)装配定位焊，一般角焊缝要求焊缝间隙尽量小(0~2 mm)。定位焊一般在板材背面(非焊接一侧，如双侧都进行焊接，先焊未定位焊的一侧)进行，定位焊长度为 10~15 mm。一般定位焊两到三点即可，如图 1-22 所示。

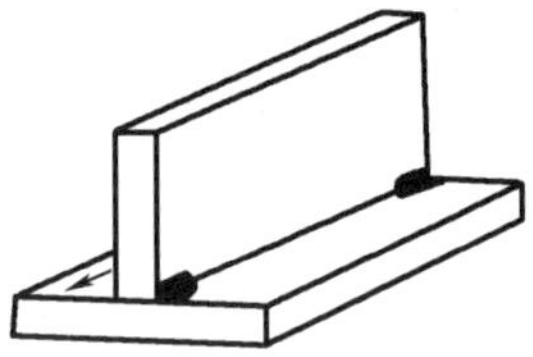

图 1-22　T 型接头装配定位

3. 安全注意事项

(1)正确使用焊接防护用品，身体不要直接接触焊件，换焊条时要戴好焊工手套。

(2)确保工作场所无可燃物，做到有效通风，照明良好。

(3)焊机电源外壳必须有良好的接地或接零，焊枪绝缘手柄必须完整无缺。

(4)焊接时严格遵守电焊作业“十不烧”要求。

(5)正确使用焊接设备，调节焊接电流。

(6)平角焊打底焊采用直径 3.2 mm 的焊条，电流 120~130 A；填充盖面焊采用直径 4.0 mm 的焊条，电流 140~160 A。

(7)多层多道焊时，应注意清理上一道焊缝的焊渣和飞溅，以防止产生夹渣缺陷。

(8)平角焊多层多道焊盖面层焊时，应先焊下面焊道，再焊上面焊道。

(9)平角焊时在焊缝始焊端和终焊端处，容易出现磁偏吹现象，影响焊缝的质量，此时要适当地调整焊条的角度，一般使电弧指向熔池来控制磁偏吹，如图 1-23 所示。

(10)立角焊焊接时应选用较小直径的焊条(ϕ2.5 mm 或 ϕ3.2 mm)，较小的焊接电流，这样熔池体积小，冷却凝固快，可以减少熔化金属并防止其下坠。

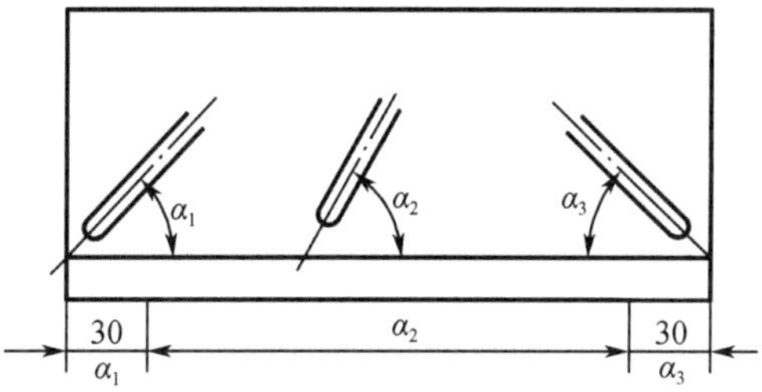

图 1-23　磁偏吹的防止措施

(11)立角焊采用短弧焊接,电弧长度不大于焊条直径,有利于熔滴过渡。

(12)立角焊焊条应适当向下倾斜,倾角为 10°~30°,即焊条向焊接方向的反方向倾斜,这样电弧对熔池产生向上推力,防止熔化金属下坠。

(13)立角焊时为便于右手操作和观察熔池情况,焊工身体不要正对焊缝,要略向左偏。

(14)焊接结束切断电源,工具放回指定位置,清扫工作场所,做到工完料清。

4. 操作过程

(1)平角焊操作过程(表 1-5)

表 1-5　平角焊操作过程

序号	步骤	操作方法及说明	质量标准
1	劳防用品检查	帆布工作服、工作鞋、面罩、手套、防护眼镜等穿戴整齐	工作服、工作鞋等防护用品穿戴规范,无破损或遗漏
2	焊接设备、工具检查	检查接地线是否牢固,焊接电缆线、焊枪是否有破损	接地线牢固,电缆、焊枪表面无破损
3	试件清理	使用砂轮机将 T 型接头待焊处 20 mm 范围内的油漆、锈、水分及氧化皮等杂质清理干净	
4	试件装配	将两块试板装配成 90°,不留间隙,在两端进行定位焊,定位焊长度 10~15 mm。平角焊试件放置于水平地面	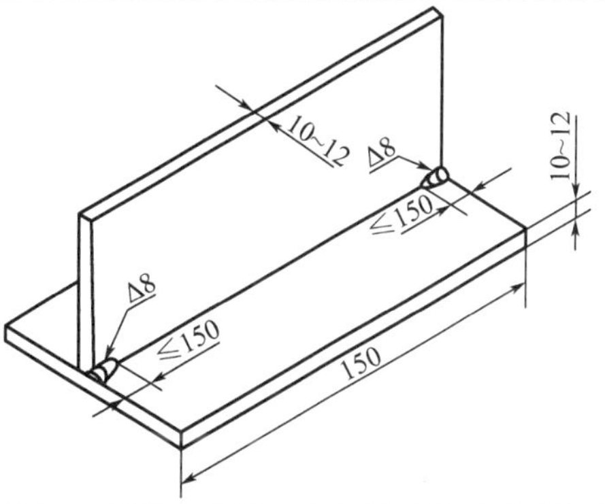

表 1-5(续)

序号	步骤	操作方法及说明	质量标准
5	平角焊焊接参数调节	打底焊 I= 120 ~ 130 A 盖面焊 I= 140 ~ 160 A	电流偏差不超过 10%
6	平角焊打底焊焊条角度调节	向右焊接,电弧对准根部顶角,压低电弧,保证顶角和两侧板熔合	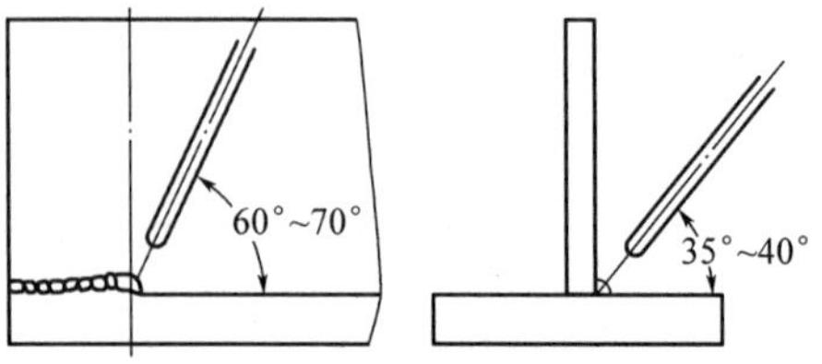
7	平角焊打底焊运条方法	打底焊时采用直线运条,不摆动,快速焊接,这样可以达到所需要的熔深	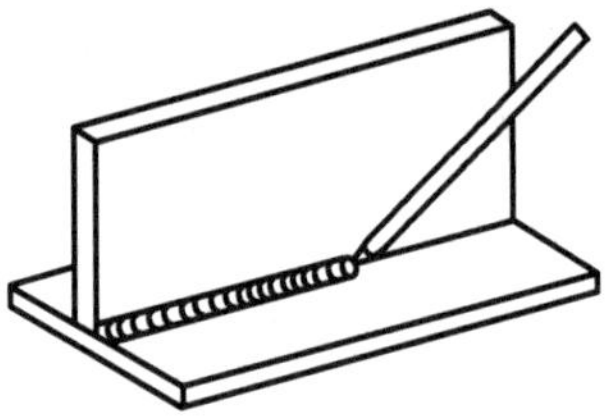
8	平角焊盖面焊操作	焊接下面焊道时,电弧要对准根部焊道的下沿,直线运条,焊条角度要大于 45°;焊接上面焊道时,电弧对准根部焊道上沿,直线运条,可以横向摆动,其焊条角度<45°	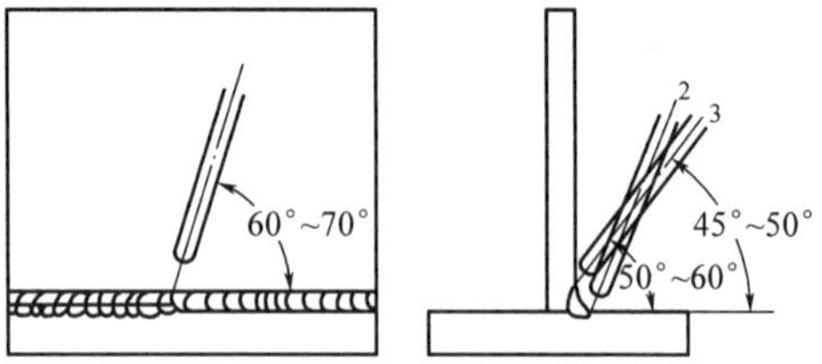
9	焊后清理	清理平角焊焊缝熔渣及飞溅等,打磨干净	焊缝表面无焊渣、飞溅等杂质残留,焊缝表面光顺
10	焊后检验	使用手电筒、放大镜、焊接检验尺对平角焊焊缝进行外观检测	焊缝表面无明显焊接缺陷,焊脚尺寸及其偏差在要求范围内
11	焊后安全检查	关闭电源、检查火灾隐患、打扫场地	场地打扫干净、工具设备摆放整齐

(2)立角焊操作过程(表 1-6)

表 1-6　立角焊操作过程

序号	步骤	操作方法及说明	质量标准
1	劳防用品检查	帆布工作服、工作鞋、面罩、手套、防护眼镜等穿戴整齐	工作服、工作鞋等防护用品穿戴规范,无破损或遗漏
2	焊接设备、工具检查	检查接地线是否牢固,焊接电缆线、焊枪是否有破损	接地线牢固,电缆、焊枪表面无破损
3	试件清理	使用砂轮机将 T 型接头待焊处 20 mm 范围内的油漆、锈、水分及氧化皮等杂质清理干净	
4	试件装配	将两块试板装配成 90°,不留间隙,在两端进行定位焊,定位焊长度 10~15 mm。立角焊试件垂直于地面放置	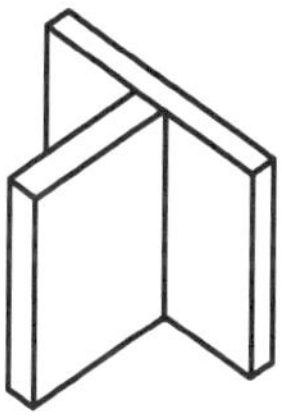
5	立角焊焊接参数调节	立角焊焊接电流比平角焊时电流小 10%~15%,选用 ϕ3. 2 mm 焊条,打底焊 I=110~130 A,盖面焊 I=100~120 A	电流偏差不超过 10%
6	立角焊焊条角度调节	焊条与 T 型接头两侧的夹角应相同,且与接头的中心线的夹角保持在 70°~90°	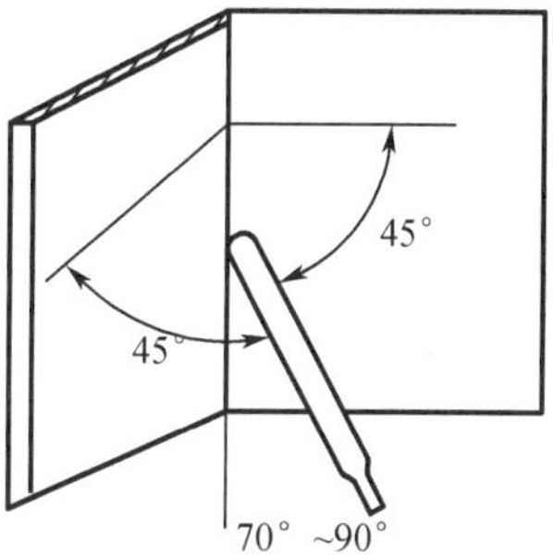

表 1-6(续)

序号	步骤	操作方法及说明	质量标准
7	立角焊焊接	采用三层焊接法。第一层采用直线形或直线往返形运条法、短弧和跳弧法焊接;第二层采用锯齿形或月牙形运条法,摆动宽度为 6 mm;第三层采用锯齿形或月牙形运条法,摆动宽度为 10 mm	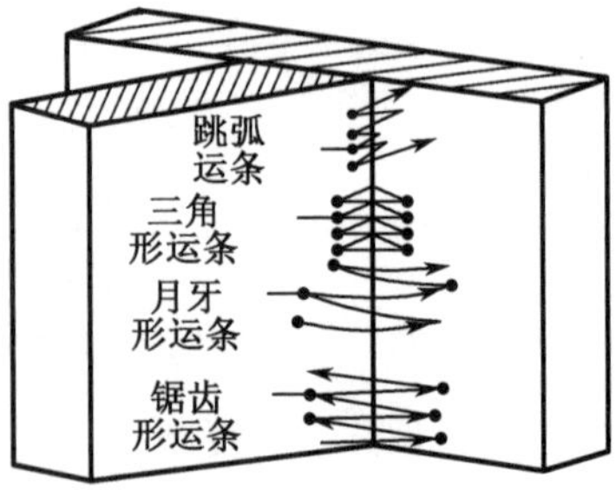
8	焊后清理	清理立角焊焊缝熔渣及飞溅等,打磨干净	焊缝表面无焊渣、飞溅等杂质残留,焊缝表面光顺
9	焊后检验	使用手电筒、放大镜、焊接检验尺对立角焊焊缝进行外观检测	焊缝表面无明显焊接缺陷,焊脚尺寸及其偏差在要求范围内
10	焊后安全检查	关闭电源、检查火灾隐患、打扫场地	场地打扫干净、工具设备摆放整齐

问题情景一

T 型接头平角焊焊接结束后,发现焊缝一侧的中间腹板与底板的角度明显小于 90°,整个 T 型接头存在较大的角变形,产生的原因是什么?如何预防?

提示 1　T 形角焊缝由于只焊接一侧,焊接结束后焊缝冷却收缩导致腹板偏向底板一侧,出现了较大的角变形。预防措施:焊前在另一侧预设一定的反变形,或焊接结束后在 T 型接头腹板背面进行火工矫正。

提示 2　检查定位焊的长度与厚度是否符合要求。

问题情景二

若实际生产中板厚均为 20 mm 的 T 型接头,立角焊装配后发现两块板之间的间隙为 5~8 mm,这时该如何处理?

提示 1　由于间隙较大,必须对腹板进行开坡口处理,一般开单边 45°坡口,将原来普通的不开坡口 T 型接头变为单边 V 形的 T 型接头,先焊坡口内部,填满坡口内部后再焊坡口外部立角焊。

提示 2　查看图纸,检查此立角焊装配是否符合图纸上的工艺要求,如果没有满足图纸工艺要求,应重新进行装配定位。

5. 学习结果评价(表1-7)

表1-7　学习结果评价

序号	评价项目	评价标准	评分	得分
1	个人防护	帆布工作服、工作鞋、面罩、手套、防护眼镜等穿戴整齐、规范,无破损。漏做或未做,全扣	20	
2	焊前准备	配电箱完整、无漏电现象;焊接保护接地牢固;试板表面干净,露出金属光泽。每项5分	15	
3	焊接过程	焊接参数调整正确;电弧稳定燃烧;收弧处弧坑饱满。每项5分	15	
4	焊后检验	两侧焊脚偏差0~2 mm;焊缝凸度0~3 mm,凸度差≤2 mm;焊缝直线度0~2 mm;T型接头角变形0°~2°;咬边深度≤0.5 mm,累计长度≤10 mm;两侧焊脚偏差0~1 mm;接头处无过高、脱节、宽窄不一等现象;外观无气孔、裂纹、夹渣等缺陷。每项最多扣5分	30	
5	安全文明生产	无安全隐患、无违章操作。否则不得分	20	

1.2.5　课后作业

1. 填写操作流程

回顾平角焊和立角焊的操作过程,填写表1-8。

表1-8　操作流程要求

工作步骤	步骤简述	注意事项
试件清理	使用砂轮机将T型接头待焊处__________ mm范围内的油漆、__________、__________及氧化皮等清理干净	采用砂轮__________或__________的方式去除板材表面的氧化膜、铁锈、油和水等
平角焊参数	平角焊时,焊脚尺寸小于__________ mm时,可用单道焊,选用直径__________ mm的焊条,采用__________或斜圆形运条法。焊脚尺寸为__________ mm时,可用两层(或)两道的多层(多道)焊	平角焊打底焊采用直径3.2 mm焊条,电流__________ A,填充盖面焊采用直径4.0 mm焊条,电流__________ A

表 1-8(续)

工作步骤	步骤简述	注意事项
立角焊方向	立角焊是 T 型接头焊件处于立焊位置时的焊接操作,有__________和__________两种施焊方法	实际生产中多采用__________施焊
立角焊参数调节	立角焊焊接电流比平焊时电流小__________,选用直径 3.2 mm 焊条,打底焊 $I=$__________ A,盖面焊 $I=$__________ A	立角焊采用__________焊接,电弧长度__________焊条直径,有利于熔滴过渡

2. 技能训练

通过反复练习,掌握基本操作要领,直到能独立完成符合标准的平角焊、立角焊焊缝。

3. 流程描述

将平角焊、立角焊的操作流程进行详细的梳理,结合 5S 管理要求,写在作业本上。

任务 1.3　焊条电弧焊的板对接焊操作

1.3.1　核心概念

对接接头、平对接、横对接、立对接、仰对接(图 1-24)

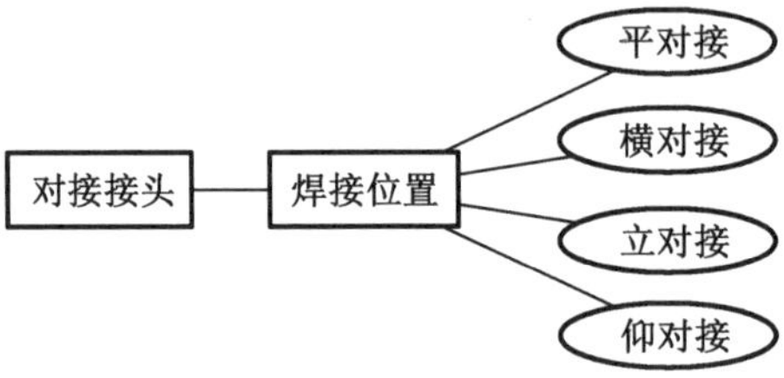

图 1-24　核心概念

1.3.2　学习目标

1. 能根据焊接要求,正确选择工具和材料。

2. 能规范调试焊接设备,调节工艺参数。

3. 能规范完成焊条电弧焊的平对接、横对接、立对接、仰对接焊的基本操作过程,包括打底层、填充层、盖面层等。

4. 能检验焊接效果与质量,改进与完善焊接操作。

5. 能养成严谨细致、精益求精的工匠品格,以及良好的安全文明操作习惯。

1.3.3　基本知识

1. 对接接头

两焊件端面相平行的接头称为对接接头。对接接头是最常用的接头形式,它多用于船体外板、甲板、内底板及舱壁板等构件的连接。对接接头的焊缝应是全焊透焊缝,焊缝两侧母材金属应熔化均匀。厚度小于6 mm且能保证完全焊透的构件,可采用不开坡口的对接接头。开坡口的对接接头通常按照焊接位置不同分为平对接、横对接、立对接、仰对接等四种形式,如图1-25所示。

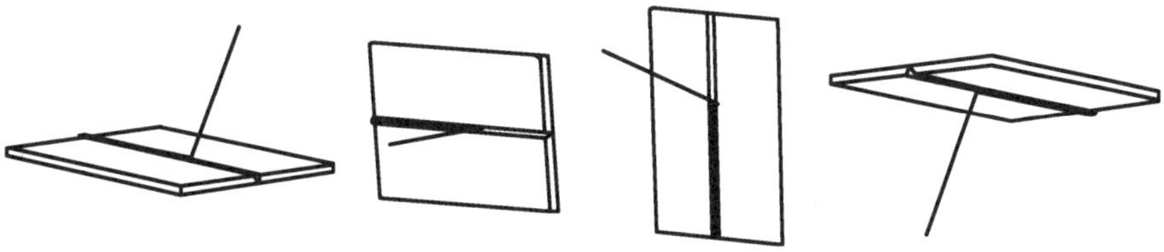

(a)平对接(F)　(b)横对接(H)　(c)立对接(V)　(d)仰对接(O)

图1-25　对接接头焊接位置

为确保对接接头熔透,常采用单面焊或双面焊接。其中传统的单面焊主要是指单面焊双面成形(即正反面自由成形),可根据不同间隙采用不同的操作手法直接进行单面焊双面成形。实际生产中单面焊也可在适当间隙情况下借助于拖附在坡口背面的陶质衬垫进行强制成形,使熔化金属不流失并保持一定形状,实现单面焊。

2. 单面焊双面成形

单面焊双面成形技术,顾名思义,即是从焊件坡口的正面进行焊接,实现正面和背面焊道同时形成(自由成形)致密、均匀焊缝的操作工艺方法。在操作过程中,可不需要任何辅助措施,只是在坡口根部进行装配定位时,按照不同操作手法留出不同的间隙,只在坡口正面进行焊接,就会在坡口正、反两面都得到均匀整齐、成形良好的焊缝。该技术不受构件形状、尺寸和空间位置的限制,操作方便,且焊接接头强度高,质量好,安全可靠。因此,单面焊双面成形技术也是国内外焊工技能培训和考核的重要内容之一。

3. 平对接焊操作

平对接是对接接头中最有利于焊接的空间位置,熔滴容易过渡,熔渣与铁水不易流失,也易于控制焊缝形状(图1-26)。平对接焊时可使用较粗焊条和较大焊接电流,以提高生产效率。故生产中应尽量改善制造条件,使接头处于平焊位置施焊。

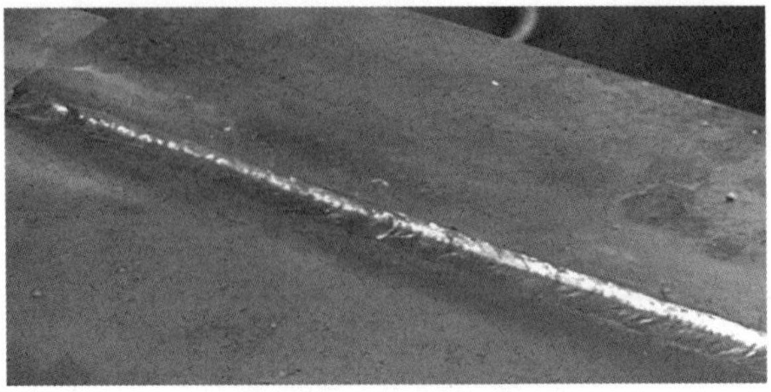

图 1-26　平对接焊缝

根据板厚不同,平对接焊分为不开坡口的平对接焊(板厚 6 mm 及以下、留 1~2 mm 间隙)和开坡口的平对接焊。

(1)不开坡口的平对接焊

焊接正面焊缝时,选用直径 3.2 mm 或 4 mm 的焊条进行短弧焊,使熔深达到焊件厚度的 2/3,焊缝宽度为 5~8 mm,焊缝余高应小于 1.5 mm,如图 1-27 所示。焊接反面焊缝时,应采用打磨或碳弧气刨的方法进行清根,然后采用直径 3.2 mm 的焊条焊接,焊接电流可大些。焊接时运条方法为直线形。焊条与焊件表面角度如图 1-28 所示。

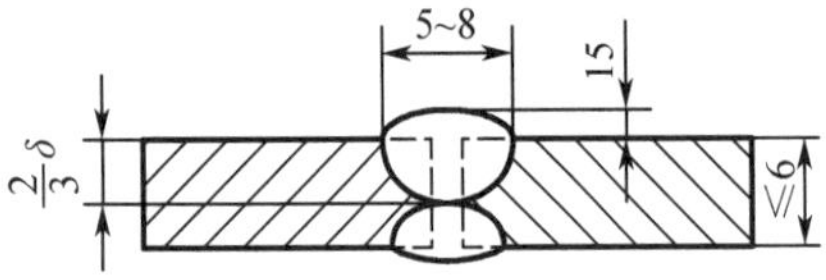

图 1-27　不开坡口的平对接焊

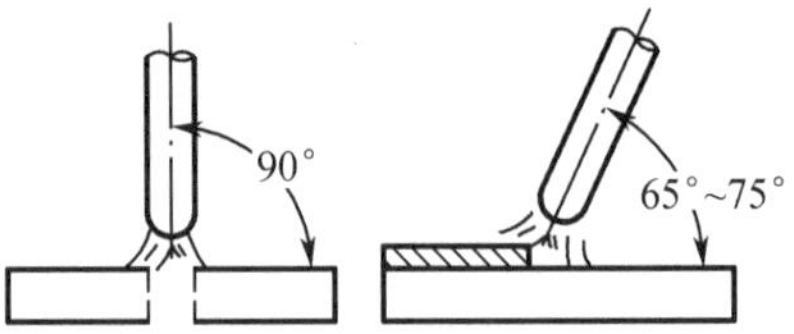

图 1-28　平对接焊条角度

(2)开坡口的平对接焊

开坡口的平对接焊可采用多层焊(图 1-29)和多层多道焊(图 1-30)。

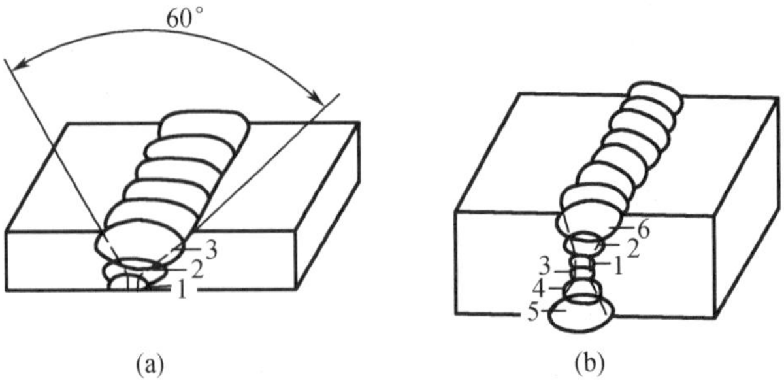

图 1-29　多层焊

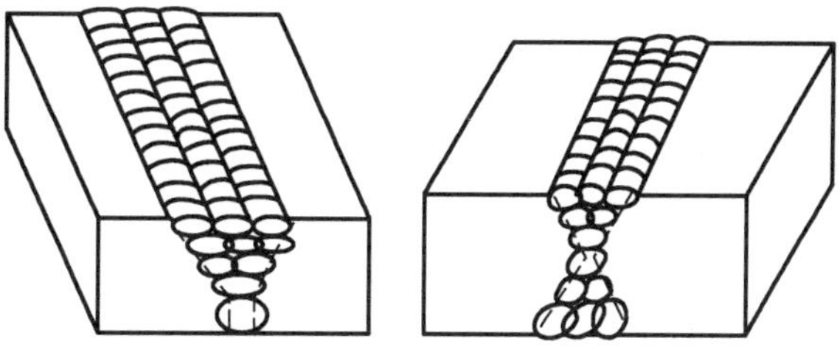

图 1-30　多层多道焊

多层焊时,第一层称为打底层(或成形层),中间各层称为填充层,最后一层称为盖面层(图 1-31)。第一层应选用较小直径的焊条,运条方法应根据焊条与坡口间隙之间的情况而定。可采用直线形运条法或直线往返形运条法,要注意边缘熔合的情况及避免焊穿。后续填充层和盖面层焊接时,应将前一层熔渣、飞溅等清除干净,然后用粗直径焊条配以较大焊接电流进行焊接。可采用锯齿形运条法,并应用短弧焊接。每层的焊接接头须相互错开,焊缝宽度随坡口宽度的增大而增大。

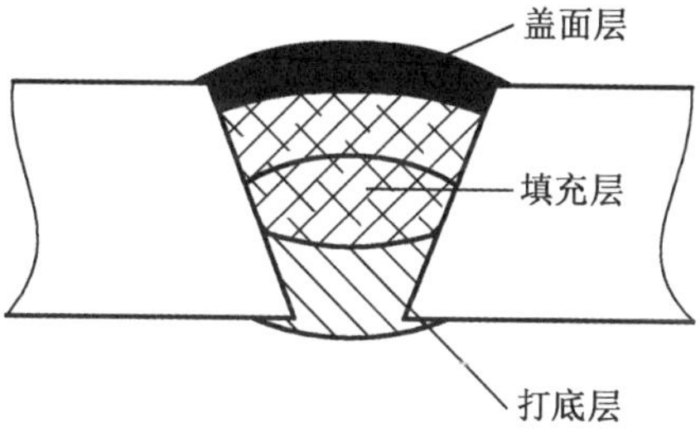

图 1-31　焊缝各层名称

多层多道焊的焊接方法与多层焊相似,焊接时宜采用直线形运条法,但要注意同一层焊缝中焊道与焊道的排列要均匀紧密,避免因过深的焊缝凹陷而产生夹渣。实际生产中,多层多道焊多用于厚板或高强度钢的焊接。

4. 横对接焊操作

横对接焊时,由于熔化金属受重力作用,容易下坠而产生各种缺陷。因此,应采用短弧焊接,并选用较小直径的焊条和较小的焊接电流及配以适当的运条方法。横对接焊缝如图 1-32 所示。

(1)不开坡口的横对接焊

板厚为 3~5 mm 时,可采用不开坡口的对接双面焊,正面焊时焊条选用直径 3.2 mm 或 4 mm 的焊条,并与下侧板成 75°~80°的角度,如图 1-33 所示。

图 1-32　横对接焊缝

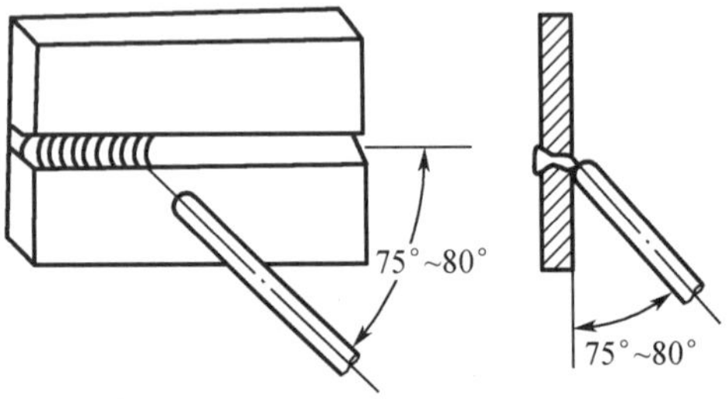

图 1-33　横对接焊条角度

焊件较薄时,可用直线往返形运条法焊接,使熔池的熔化金属有时间冷却凝固,防止焊穿。焊件较厚时,可采用斜圆形运条法焊接,电弧宜短,便可得到合适的熔深。同时焊接速度应稍快些,且要均匀,避免焊条熔化的金属聚集在某一点上形成焊瘤和焊缝上部咬边等缺陷。反面封底焊时,选用直径 3. 2 mm 的焊条,焊接电流偏大些,用直线形运条法焊接。

(2)开坡口的横对接焊

开坡口的横对接焊,其坡口形式一般是 V 形或 K 形两种,如图 1-34 所示。其坡口特点是下侧板不开坡口或坡口角度小于上侧板,这样有利于焊缝成形。

焊件厚度小于或等于 8 mm 时,可采用多层焊,如图 1-35 所示。焊接第一层时,选用直径 3. 2 mm 的焊条,间隙小时可用短弧直线形运条法焊接,间隙大时可用直线往返形运条法焊接。以后各层可用斜圆形运条法焊接,如图 1-36 所示。

当板厚大于 8 mm 时,应采用多层多道焊,能避免产生咬边和焊瘤等缺陷,有利于焊缝成形。运条方法采用直线形,在焊接时,应采用短弧焊和适当的焊接速度。焊接打底焊道应选用直径 3.2 mm 的焊条,后续填充层和盖面层根据坡口宽度的增加而选用直径 3.2 mm 或 4 mm 的焊条。坡口内填充层焊接时,焊条的角度应随焊道的位置而变化,如图 1-37 所示。盖面层焊接时,焊条角度小于 90°,以后各道焊缝的焊条角度适当增大一些,焊接电流比填充层焊接时略小。施焊过程中,焊缝各层、道的排列顺序如图 1-38 所示。

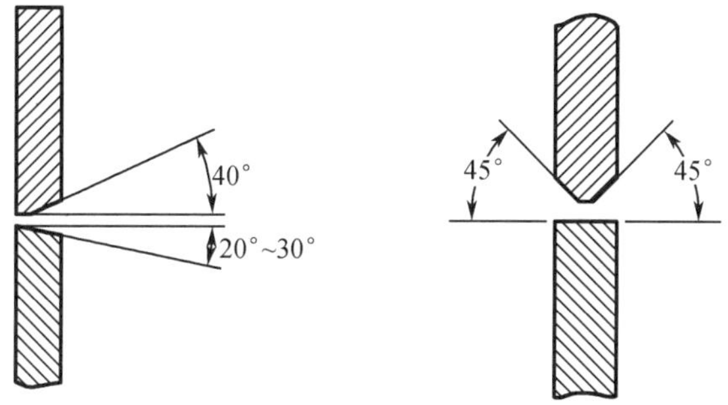

(a)V 形坡口　(b)K 形坡口

图 1-34　横对接焊坡口

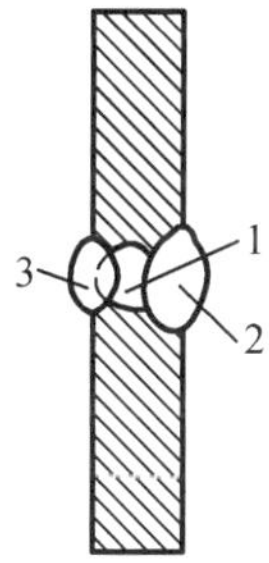

图 1-35　多层焊顺序

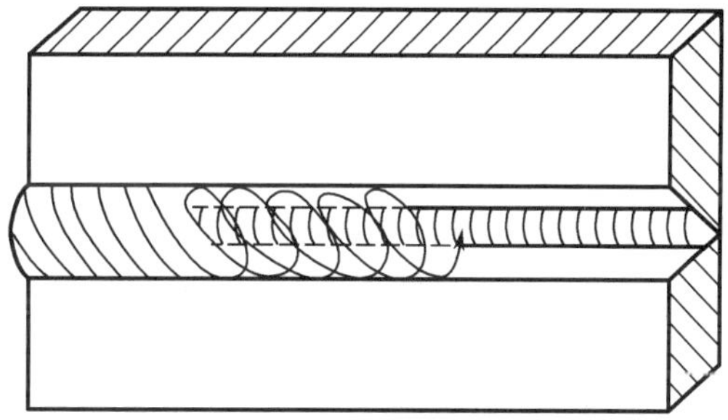

图 1-36　斜圆形运条法

5. 立对接焊操作

立对接焊是焊接垂直方向对接缝的一种操作方法。由于熔化金属受力作用易下坠,使焊缝成形受到影响,因此立对接焊时选用的焊条直径和焊接电流均小于平对接焊,并采用短弧焊接。选用适当的运条方法和焊脚角度,如图 1-39 所示。

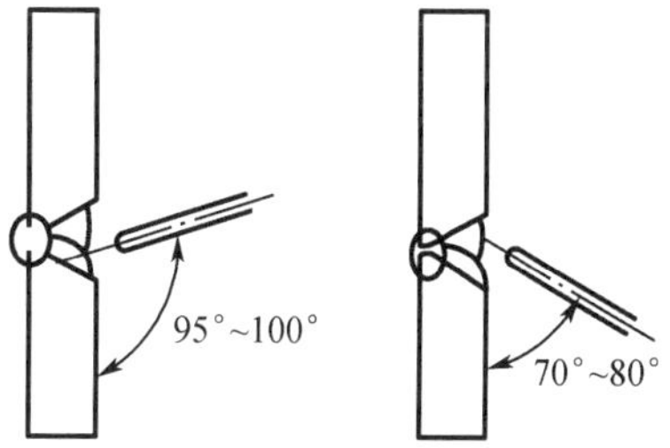

(a) 第一道　(b) 第二道

图 1-37　填充层焊条角度

(1)不开坡口的立对接焊

不开坡口的立对接焊常用于薄板(4 mm 以下)的焊接,一般采用跳弧法(图 1-40)。焊接时,易造成焊穿、咬边和变形等缺陷。因此,在保证熔透的情况下,尽可能使电弧在焊件上加热的时间短些,避免电弧长时间停留在一点上。在进行反面封底焊时,先清理漏出的熔渣,打磨光顺,然后采用比正面焊接大一些的电流,主要是为了获得一定的熔深。运条方法可采用月牙形、锯齿形或直线形跳弧法。

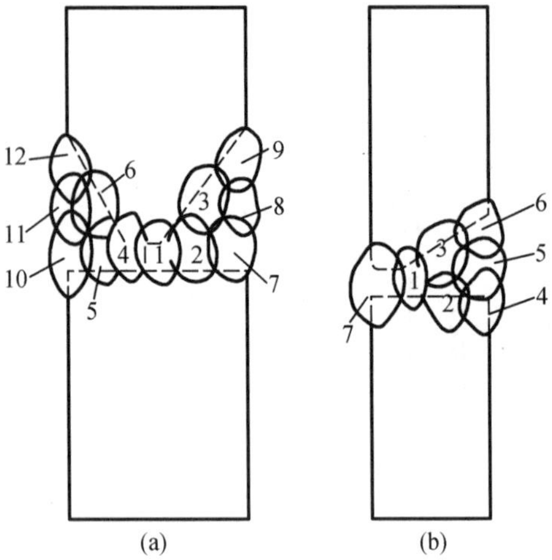

图 1-38　横对接焊道排列

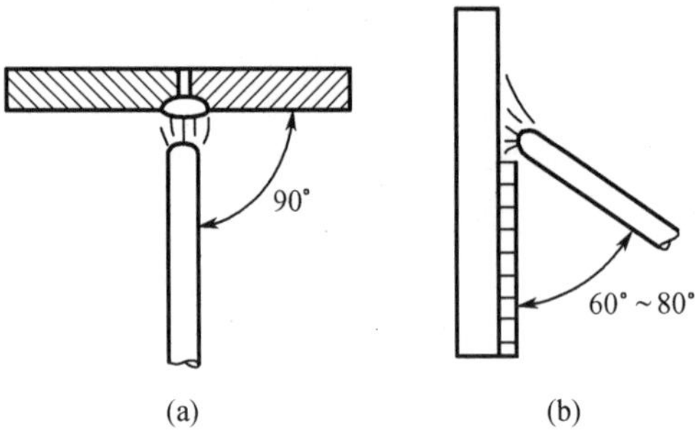

图 1-39　立对接焊时的焊条角度

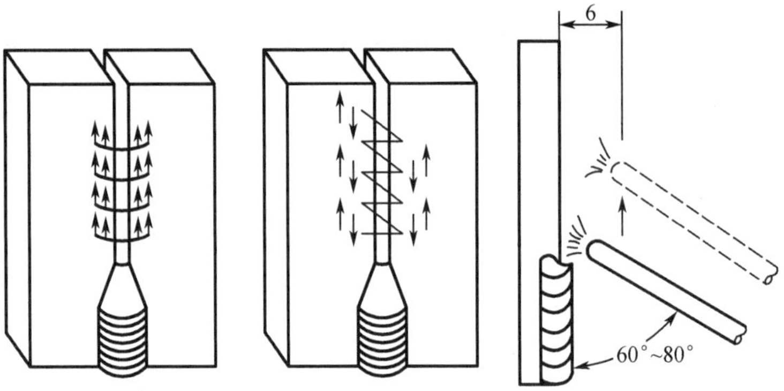

(a) 月牙形跳弧法　(b) 锯齿形跳弧法　(c) 直线形跳弧法

图 1-40　立对接跳弧法

(2)开坡口的立对接焊

立对接的坡口形式有 V 形或 U 形等,焊缝如图 1-41 所示。如果采用多层多道焊,层数应根据焊件的厚度来决定。对厚板采用小三角形运条法,对中厚板可采用小月牙形跳弧法,如图 1-42 所示。立对接盖面焊前,应留出 1～2 mm 的坡口边缘。盖面焊缝应满足焊缝外形尺寸的要求,其运条方法按所需焊缝高度的不同来选择,运条的速度必须均匀,在焊缝两侧稍作停留,这样有利于熔滴过渡,防止产生咬边等缺陷。

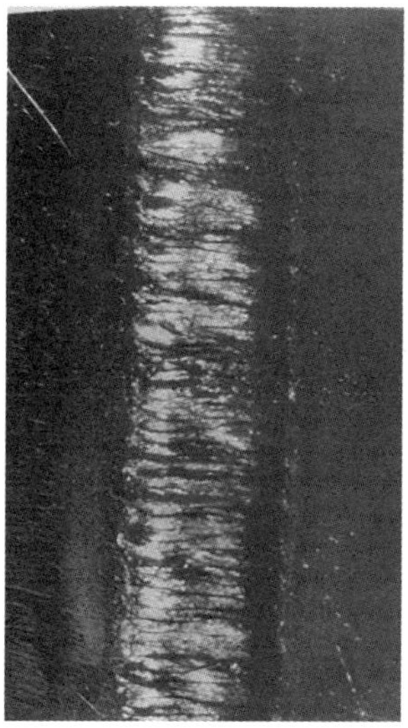

图 1-41　立对接焊缝

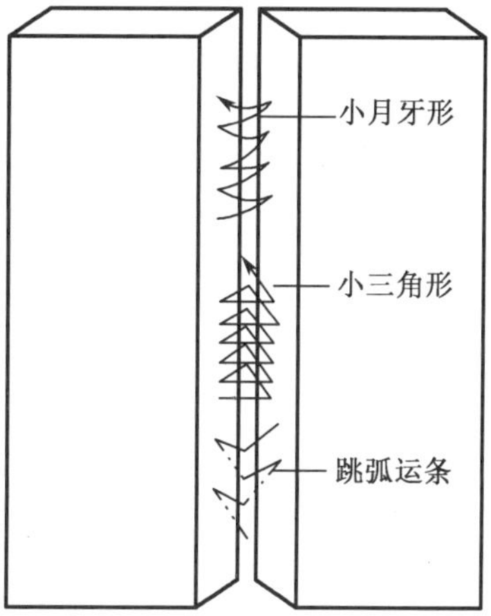

图 1-42　开坡口立对接焊运条方法

6. 仰对接焊操作

仰对接焊是焊工仰视焊件进行焊接的方法。这种施焊位置，焊条熔滴过渡和焊缝成形都很困难，且操作者劳动条件差，因此仰对接是最难操作的一种焊接操作。仰对接焊缝如图 1-43 所示。

图 1-43　仰对接焊缝

(1) 不开坡口的仰对接焊

当焊件的厚度小于 5 mm 时，采用不开坡口的仰对接焊。施焊时，选用直径 3.2 mm 的焊条，焊件角度如图 1-44 所示。焊条保持均匀，电弧要尽量短一些，接头间隙小时可用直线形运条法,接头间隙稍大时应用直线往返形运条法。焊接电流选择应适中,过小会使电弧不稳而影响熔深和成形,过大会导致熔化金属下坠和焊穿。

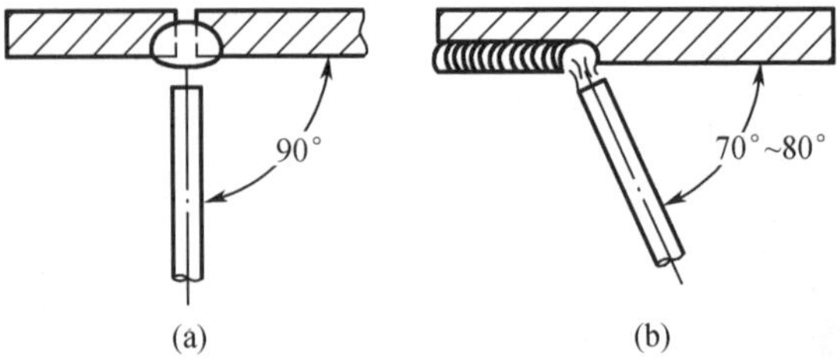

图 1-44 仰对接焊条角度

(2)开坡口的仰对接焊

当焊件厚度为 5 mm 及其以上时,采用开坡口的仰对接焊。焊接时采用多层焊或多层多道焊。焊接打底层时,用直线形或直线往返形运条法。焊后要求焊缝表面平直,不能出现凸形。焊接填充层及盖面层采用锯齿形或月牙形运条法,如图 1-45 所示。运条时,在焊缝两侧应稍停,中间快,形成较薄的焊道。

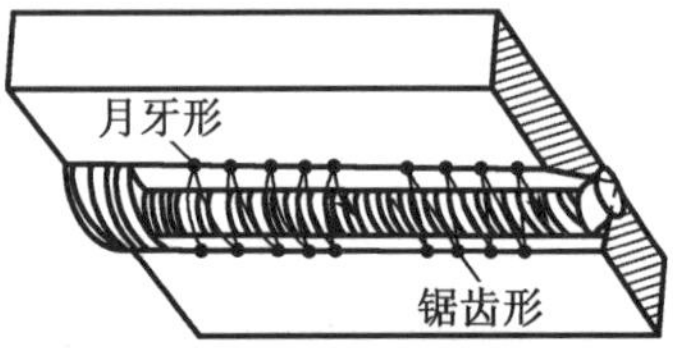

图 1-45 开坡口的仰对接焊的运条方法

仰对接多层多道焊时,运条方法均采用直线形,焊条角度应根据每一焊道的位置做相应的调整,如图 1-46 所示,这样有利于熔滴金属的过渡和获得较好的焊缝成形。

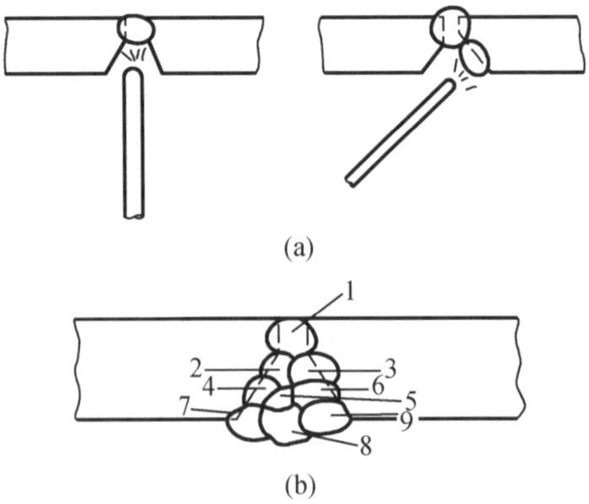

图 1-46 开坡口仰对接焊的多层多道焊

1.3.4　能力训练

1. 任务描述

板平对接、横对接、立对接、仰对接的主要工作任务是在两块钢板组成的对接接头上采用焊条电弧焊的方法完成宽度均匀、成形美观的四种位置对接焊缝；主要操作过程是在对接接头上根据各种位置焊接要求，引燃电弧后移动焊枪形成符合要求的对接缝，对接焊缝的尺寸应符合要求，成形美观，焊缝表面及内部无裂纹、气孔等缺陷。作为一名焊接人员，该如何顺利完成这四种对接位置的焊接操作呢？

2. 操作条件

（1）焊接设备采用 ZX7-400 弧焊整流器。

（2）试板采用低碳钢（Q235A），尺寸为 200 mm×125 mm×12 mm，每种焊接位置采用试板两块，坡口角度为 60°±2°。

（3）焊材材料：选用 E5015（J507）焊条，烘干温度为 350～400 ℃，保温 2 h。

（4）焊前清理：对于对接接头，坡口表面及其两侧 20 mm 内要清理干净。采用砂轮机修磨或化学处理的方式去除板材表面的氧化膜、铁锈、油和水等，并打磨出金属光泽。

（5）平对接装配定位焊，坡口间隙控制在 3.5～4 mm，并在坡口内或试板背面坡口的两端 10～15 mm 进行定位焊。同时考虑到采用多层多道焊，预设一定的试板反变形，α 约为 3.5°，如图 1-47 所示。

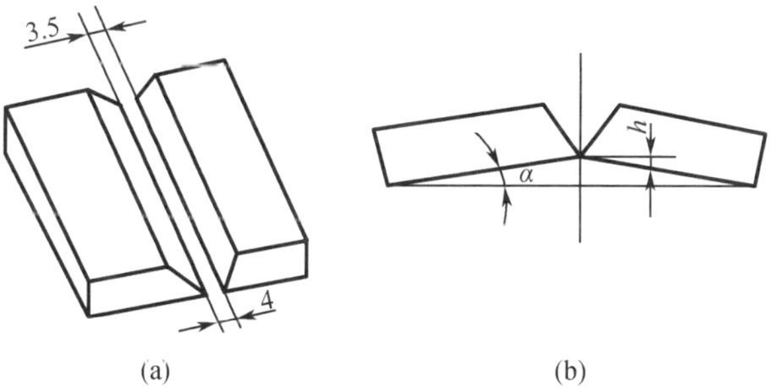

图 1-47　平对接装配

（6）横对接装配定位焊，坡口间隙控制在 2～3 mm，定位焊在坡口内或试板背面两端 10～15 mm，试板预设反变形 6°～7°，如图 1-48 所示。试板固定高度一般为试板最底端至地面 500～650 mm。

（7）立对接装配定位焊，坡口间隙控制在 3.5～4.5 mm，并在坡口内或试板背面坡口的两端 10～15 mm 进行定位焊。同时考虑到采用多层多道焊，预设一定的试板反变形 1°～3°，如图 1-49 所示。试板固定高度一般为试板最底端至地面 300～450 mm。

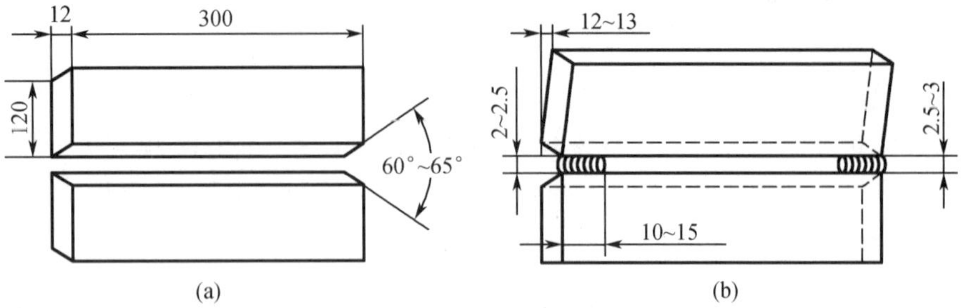

图 1-48　横对接装配

(8)仰对接装配定位焊,坡口间隙控制在 3~4 mm,定位焊在坡口内或试板背面两端 10~15 mm,试板预设反变形 1°~3°,如图 1-50 所示。试板固定高度一般为试板最底端至地面 900~1 000 mm。

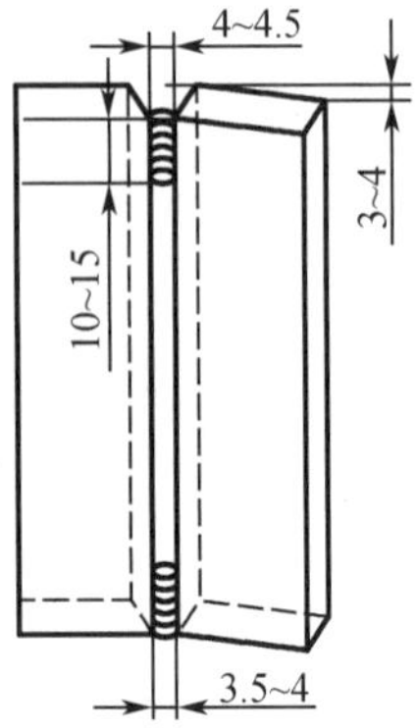

图 1-49　立对接装配

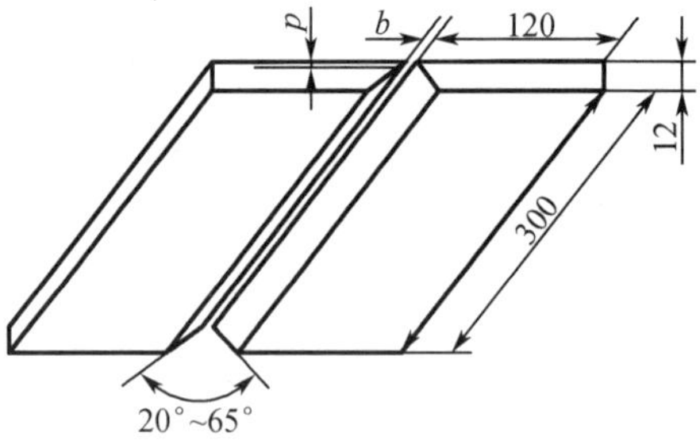

图 1-50　仰对接装配

3. 安全注意事项

(1)正确使用焊接防护用品,身体不要直接接触焊件,换焊条时要戴好焊工手套。

(2)确保工作场所无可燃物,做到有效通风,照明良好。

(3)焊机电源外壳必须有良好的接地或接零,焊枪绝缘手柄必须完整无缺。

(4)焊接时严格遵守电焊作业“十不烧”要求。

(5)正确使用焊接设备,调节焊接电流。

(6)平对接打底焊采用直径 3. 2 mm 的焊条,电流 105~115 A,填充盖面焊采用直径 4. 0 mm 的焊条,填充层焊接电流 170~180 A,盖面层焊接电流 160~170 A。

(7)平对接焊前应将试板置于合适的水平位置固定,间隙小的一端先焊。

(8)平对接焊时每层焊缝不宜过厚,一般为 3 mm,应注意在坡口两边稍作停留,以防止坡口与试板两侧熔合处产生熔合不良及夹渣等缺陷。

(9)为保证盖面焊表面成形平整美观,最后一层填充层应在坡口厚度方向留出 1~2 mm 不要焊满。

(10)横对接焊时均采用直径 3.2 mm 的焊条,打底层焊接电流控制在 90~110 A,填充层焊接电流控制在 100~120 A,盖面层焊接电流控制在 100~110 A。

(11)横对接打底层采用间断灭弧击穿法焊接,应注意控制上侧金属的熔化下坠和保护坡口下侧金属熔合良好。

(12)横对接填充层焊接时,焊条基本不摆动,要压低电弧做直线运条,停弧时,电弧要稍向下斜拉,再次引燃电弧要在熔池前方 10~15 mm 处,电弧引燃后迅速拉至原焊接熔池的上端进行接头焊接。

(13)横对接盖面焊分为四道焊接。运条采用直线形,电弧中心要对准下侧坡口边缘处。焊接第二道时,电弧中心要对准第一道焊缝的上边缘处。后续以此类推。

(14)立对接焊时均采用直径 3.2 mm 的焊条,打底层焊接电流 90~110 A,填充层焊接电流 120~130 A,盖面层焊接电流 110~120 A。

(15)立对接打底焊操作方法基本与横对接类似,但熔池在坡口两侧的停留时间可比横对接略长些,为 0.5~1 s。

(16)立对接填充层焊前,检查焊道是否有凸起、焊瘤等缺陷,若有则用砂轮机等工具清除。最后一层填充层应在坡口厚度方向留出 1~2 mm 不要焊满。

(17)立对接盖面层焊接方法与填充层类似,焊接时要避免产生咬边。

(18)仰对接焊时均采用直径 3.2 mm 的焊条,打底层焊接电流控制在 90~100 A,填充层焊接电流控制在 110~120 A,盖面层焊接电流控制在 100~120 A。

(19)仰对接打底焊操作方法与立对接类似,但熔池在坡口两侧的停顿时间略短些,防止熔池下坠而使焊道中间凸起,坡口两侧形成死角。

(20)仰对接填充层焊接可采用单道二层或左右分道的布置。单道焊接时,可采用锯齿形或三角形的运条方法进行;分道焊接时,可采用直线形或直线往复形的运条方法进行。注意填充层的高度比坡口的棱角低 0.5~1 mm。

(21)仰对接盖面焊采用连弧焊接。连弧焊时,用锯齿形或三角形的运条方法。主要控制咬边和焊缝余高过高等焊接缺陷。

(22)焊接结束切断电源,工具放回指定位置,清扫工作场所,做到工完料清。

4. 操作过程

(1)平对接焊操作(表 1-9)

表 1-9　平对接焊操作

序号	步骤	操作方法及说明	质量标准
1	劳防用品检查	帆布工作服、工作鞋、面罩、手套、防护眼镜等穿戴整齐	工作服、工作鞋等防护用品穿戴规范,无破损或遗漏
2	焊接设备、工具检查	检查接地线是否牢固,焊接电缆线、焊枪是否有破损	接地线牢固,电缆、焊枪表面无破损
3	试板焊前清理	使用砂轮机将对接接头坡口表面及其附近 20 mm 范围内的油漆、锈、水分及氧化皮等杂质清理干净	试件表面清洁、干燥、露出金属光泽
4	试件装配	根据位置要求装配平对接接头,留出适当间隙并预设反变形	始端间隙约 3.5 mm,末端间隙约 4 mm,反变形约 3.5°
5	平对接焊接参数调节	打底层 $I=105\sim115$ A 填充层 $I=170\sim180$ A 盖面层 $I=160\sim170$ A	电流偏差不超过 10%
6	平对接打底焊焊条角度调节	打底层采用连弧焊法,焊条与焊件的角度、击穿焊件形成的熔孔形状见右图	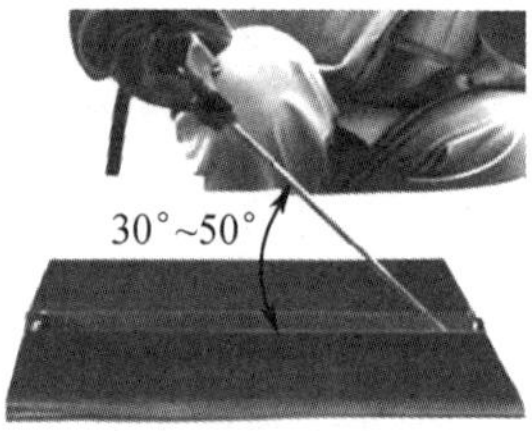 焊条与焊件角度 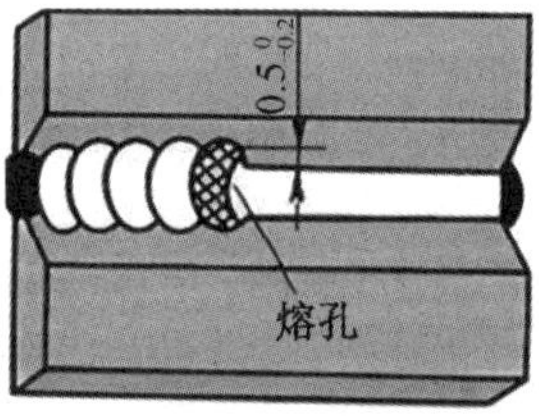 击穿焊件形成熔孔
7	平对接填充层焊运条方法	填充层焊接前,先将打底层焊道的熔渣、飞溅等清理干净,并适当调节电流,焊接时的焊条角度见右图	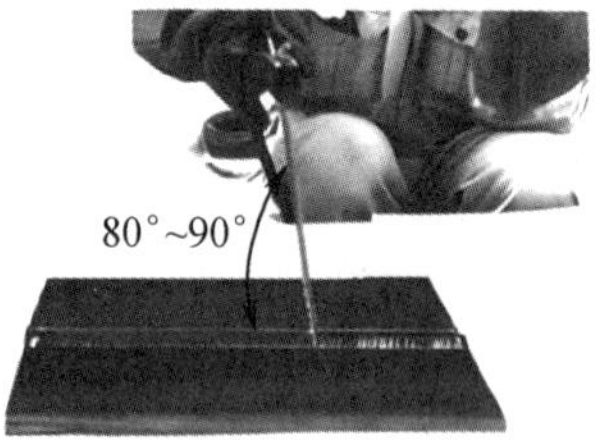

表 1-9(续)

序号	步骤	操作方法及说明	质量标准
8	平对接盖面焊操作	盖面层焊接的焊接电流比填充层焊接稍小。使用直径 4 mm 焊条,运用锯齿形运条法,控制焊接速度,保证坡口边缘的良好熔合	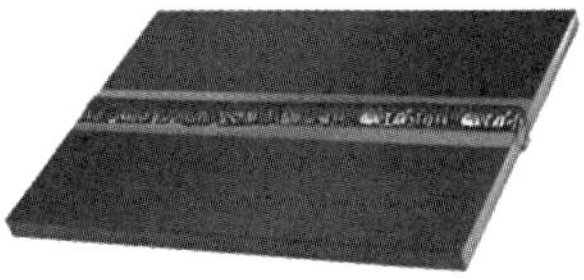
9	焊后清理	清理平对接焊缝熔渣及飞溅等,打磨干净	焊缝表面无焊渣、飞溅等杂质残留,焊缝表面均匀光顺
10	焊后检验	使用手电筒、放大镜、焊接检验尺对平对接焊缝进行外观检查	焊缝表面无气孔、裂纹等缺陷,焊缝成形尺寸及其偏差在要求范围内
11	焊后安全检查	关闭电源、检查火灾隐患、打扫场地	场地打扫干净、工具设备摆放整齐

(2)横对接焊操作(表 1-10)

表 1-10　横对接焊操作

序号	步骤	操作方法及说明	质量标准
1	劳防用品检查	帆布工作服、工作鞋、面罩、手套、防护眼镜等穿戴整齐	工作服、工作鞋等防护用品穿戴规范,无破损或遗漏
2	焊接设备、工具检查	检查接地线是否牢固,焊接电缆线、焊枪是否有破损	接地线牢固,电缆、焊枪表面无破损
3	试板焊前清理	使用砂轮机将对接接头坡口表面及其附近 20 mm 范围内的油漆、锈、水分及氧化皮等杂质清理干净	试件表面清洁、干燥、露出金属光泽
4	试件装配	根据位置要求装配横对接接头,留出适当间隙并预设反变形	始端间隙约 3. 5 mm,末端间隙约 4 mm,反变形 6°~7°
5	横对接焊接参数调节	横对接均采用直径 3. 2 mm 焊条 打底层 I=90~110 A 填充层 I=100~120 A 盖面层 I=100~110 A	电流偏差不超过 10%

表 1-10(续)

序号	步骤	操作方法及说明	质量标准
6	横对接打底焊焊接及焊条角度调节	采用间断灭弧击穿法,及反复地引弧→焊接→灭弧→引弧。焊接时电弧尽量偏向坡口上侧,即上侧熔化1~1.5 mm,下侧熔化约0.5 mm,焊条角度见右图	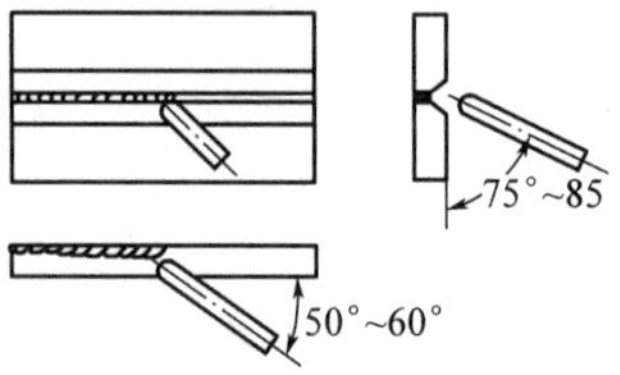
7	横对接填充层焊接及焊条角度	填充层焊接时焊条角度见右图。填充层采用上下道的布置,下焊道采用斜圆形运条法,上焊道采用直线形或直线往复形的运条方法	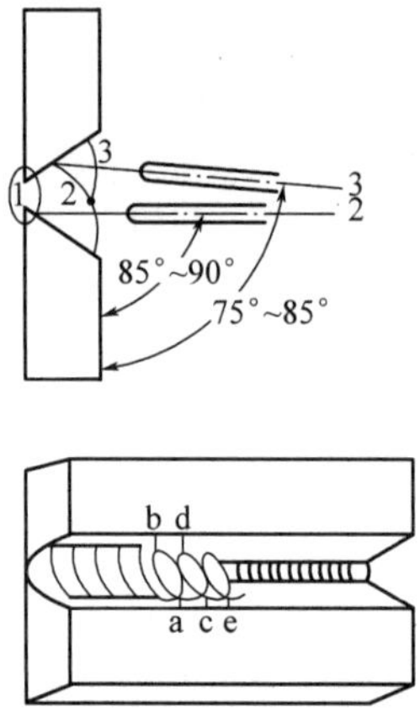
8	横对接盖面层焊接	盖面层焊道分为四道。盖面焊前需先将填充层焊缝表面焊渣和飞溅等清理干净。焊条不摆动,采用直线运条法,力求每一道上焊缝压住下焊缝的1/2,角度见右图	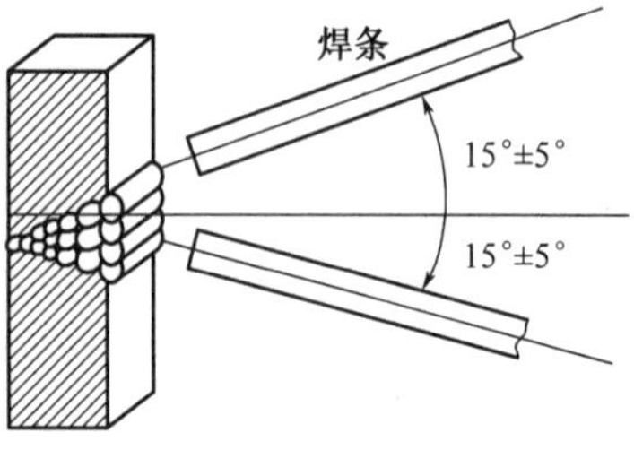
9	焊后清理	清理横对接焊缝熔渣及飞溅等,打磨干净	焊缝表面无焊渣、飞溅等杂质残留,焊缝表面均匀光顺
10	焊后检验	使用手电筒、放大镜、焊接检验尺对横对接焊缝进行外观检查	焊缝表面无气孔、裂纹等缺陷,焊缝成形尺寸及其偏差在要求范围内
11	焊后安全检查	关闭电源、检查火灾隐患、打扫场地	场地打扫干净、工具设备摆放整齐

(3)立对接焊操作(表 1-11)

表 1-11　立对接焊操作

序号	步骤	操作方法及说明	质量标准
1	劳防用品检查	帆布工作服、工作鞋、面罩、手套、防护眼镜等穿戴整齐	工作服、工作鞋等防护用品穿戴规范,无破损或遗漏
2	焊接设备、工具检查	检查接地线是否牢固,焊接电缆线、焊枪是否有破损	接地线牢固,电缆、焊枪表面无破损
3	试板焊前清理	使用砂轮机将对接接头坡口内部及其附近 20 mm 范围内的油漆、锈、水分及氧化皮等杂质清理干净	试件表面清洁、干燥、露出金属光泽
4	试件装配	根据位置要求装配立对接接头,留出适当间隙并预设一定的反变形	始端间隙约 3.5 mm,末端间隙约 4 mm,反变形约 3°
5	立对接焊接参数调节	打底层 I=90~110 A 填充层 I=120~130 A 盖面层 I=110~120 A	电流偏差不超过 10%
6	立对接打底焊焊条角度调节	打底层采用断弧焊法。焊条与试板角度见右图。尽量避免焊道中间凸起,形成两侧死角。当一根焊条最后一个断弧焊收弧时,电弧可以往坡口的一边带一下,防止弧坑缩孔,并形成熔孔	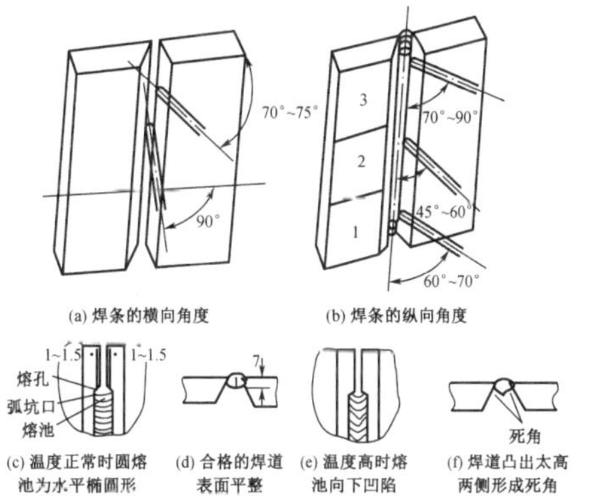
7	立对接填充层焊接	在试板下端上面 10~15 mm 处引弧,然后回到下端口,熔池在坡口两侧摆动并稍作停顿形成一个"肩",然后断弧,起头结束。更换焊条速度要快,接头处熔池可稍作停顿,比断弧焊时间略长,为 2~3 s	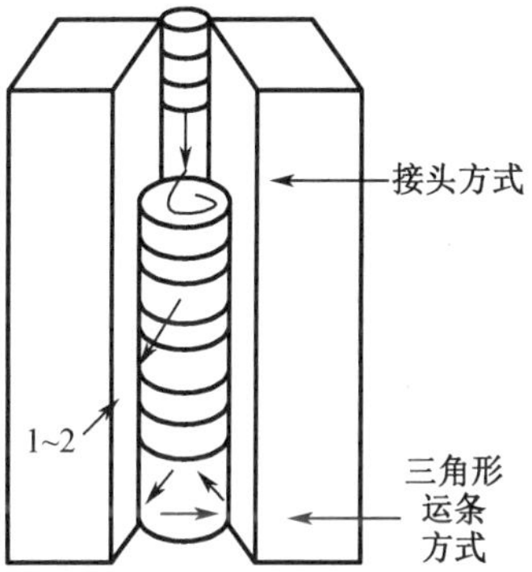

表 1-11(续)

序号	步骤	操作方法及说明	质量标准
8	立对接盖面焊操作	盖面层焊接的焊接电流比填充层焊接稍小。运用锯齿形运条法,控制焊接速度,保证坡口边缘良好熔合	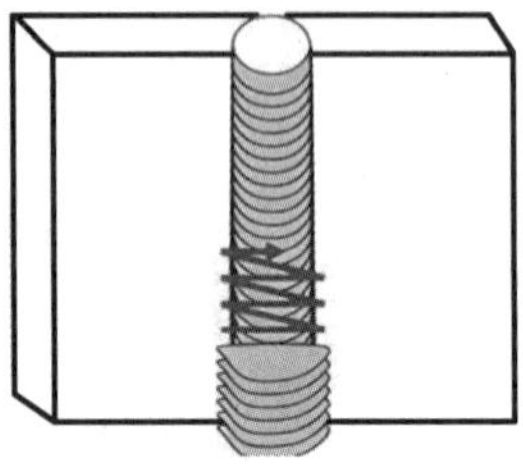
9	焊后清理	清理立对接焊缝熔渣及飞溅等,打磨干净	焊缝表面无焊渣、飞溅等杂质残留,焊缝表面均匀光顺
10	焊后检验	使用手电筒、放大镜、焊接检验尺对立对接焊缝进行外观检查	焊缝表面无气孔、裂纹等缺陷,焊缝成形尺寸及其偏差在要求范围内
11	焊后安全检查	关闭电源、检查火灾隐患、打扫场地	场地打扫干净、工具设备摆放整齐

(4)仰对接焊操作(表 1-12)

表 1-12　仰对接焊操作

序号	步骤	操作方法及说明	质量标准
1	劳防用品检查	帆布工作服、工作鞋、面罩、手套、防护眼镜等穿戴整齐	工作服、工作鞋等防护用品穿戴规范,无破损或遗漏
2	焊接设备、工具检查	检查接地线是否牢固,焊接电缆线、焊枪是否有破损	接地线牢固,电缆、焊枪表面无破损
3	试板焊前清理	使用砂轮机将对接接头坡口内部及其附近 20 mm 范围内的油漆、锈、水分及氧化皮等杂质清理干净	试件表面清洁、干燥、露出金属光泽
4	试件装配	根据位置要求装配仰对接接头,留出适当间隙并预设一定的反变形	始端间隙约 3.5 mm,末端间隙约 4 mm,反变形约 3°

表 1-12(续)

序号	步骤	操作方法及说明	质量标准
5	仰对接焊接参数调节	仰对接均采用直径 3.2 mm 的焊条 打底层 I=90~100 A 填充层 I=110~120 A 盖面层 I=100~120 A	电流偏差不超过 10%
6	仰对接打底焊焊接及焊条角度调节	操作方法基本和立对接焊打底类同,但熔池在坡口的两侧的停顿时间可比立对接略短些,防止熔池下坠而使焊道中间凸起,坡口两侧形成死角;接头时,如发现熔池收弧处有缩孔等缺陷应清除,并使接头处呈斜坡状,便于接头	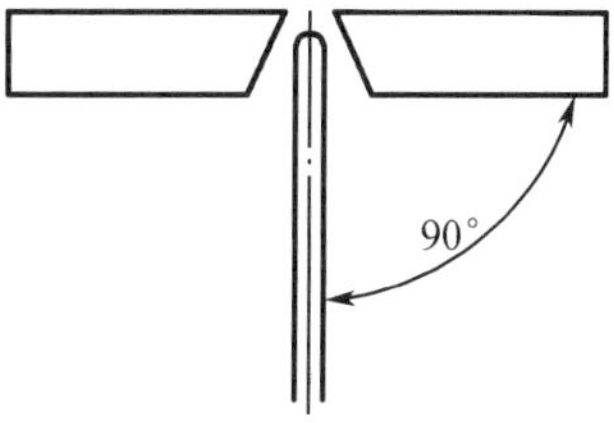(a) 焊条的横向角度 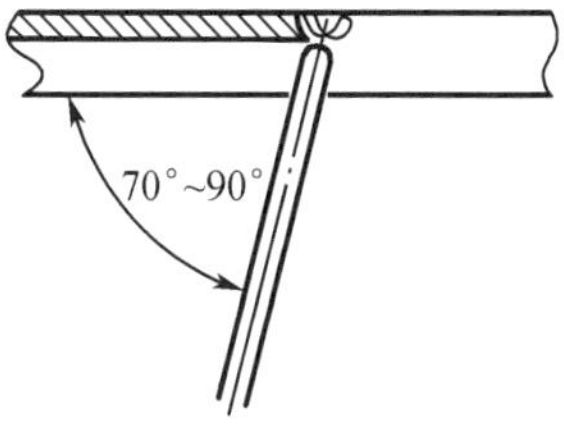(b) 焊条的纵向角度
7	仰对接填充层焊接	单道焊接时,可采用锯齿形或三角形的运条方法;分道焊接时,可采用直线形或直线往复形的运条方法。注意填充层的高度比坡口的棱角低 0.5~1 mm	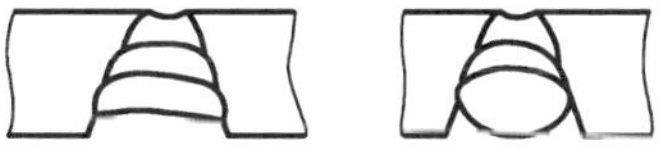
8	仰对接盖面层焊接	采用连弧或断弧焊进行盖面层的焊接。连弧焊时,用锯齿形或三角形的运条方法。主要控制咬边和焊缝余高过高等焊接缺陷	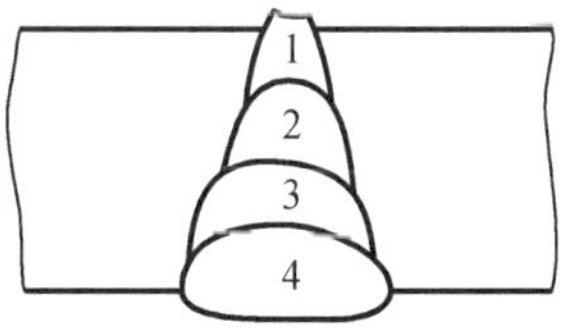
9	焊后清理	清理仰对接焊缝熔渣及飞溅等,打磨干净	焊缝表面无焊渣、飞溅等杂质残留,焊缝表面均匀光顺
10	焊后检验	使用手电筒、放大镜、焊接检验尺对仰对接焊缝进行外观检查	焊缝表面无气孔、裂纹等缺陷,焊缝成形尺寸及其偏差在要求范围内
11	焊后安全检查	关闭电源、检查火灾隐患、打扫场地	场地打扫干净、工具设备摆放整齐

问题情景一

对接接头试板装配时,为什么必须对试板预设一定的反变形?

提示　V 形坡口对接接头焊接过程中正面焊缝填充量大,冷却时自然向上收缩,产生向上的角变形。预设向下的反变形恰好利用焊缝收缩将试板校平。

问题情景二

对接接头最后一道填充层焊缝(即盖面焊之前)时为什么须预留 1~2 mm 的深度?

提示　预留深度是为了更好地保证盖面层焊缝与试板两侧母材熔合良好,且控制好焊缝整体余高。

问题情景三

大型集装箱船舷顶列板为 45 mm 厚板,焊接位置为立对接,应开什么坡口?如何确保焊接质量?

提示 1　45 mm 厚板立对接采用 V 形坡口焊后角变形太大,且很难矫正,因此可采用 X 形坡口,通过双面焊接来控制角变形。

提示 2　厚板立对接焊接一般采用多层多道焊,因此下一道焊缝焊接前,应仔细清理上一道焊缝的焊渣、飞溅等杂质,确保无缺陷后方可焊接下一道。

问题情景四

船体某舱室维修工艺孔封板时最后任务是焊接封板四周的仰对接,但舱室内部焊接后将无法进入,如何确保对接焊接质量?

提示　工艺孔封板时,四周仰对接装配采用永久性的钢衬垫,在钢衬垫上进行装配定位焊,然后再按仰对接焊操作要求完成焊接。

5. 学习结果评价(表 1-13)

表 1-13　学习结果评价

序号	评价项目	评价标准	评分	得分
1	个人防护	帆布工作服、工作鞋、面罩、手套、防护眼镜等穿戴整齐、规范,无破损。漏做或未做,全扣	20	
2	焊前准备	配电箱完整、无漏电现象;焊接保护接地牢固;试板表面干净,露出金属光泽。每项 5 分	15	
3	焊接过程	焊接参数调整正确;电弧稳定燃烧;收弧处弧坑饱满。每项 5 分	15	

表 1-13(续)

序号	评价项目	评价标准	评分	得分
4	焊后检验	焊缝宽度整齐,宽度差≤2 mm;焊缝余高≤3 mm,高度差≤2 mm;焊缝咬边深度≤0.5 mm,累计长度≤10 mm;试板角变形≤1°,无错边;背面高度≤2 mm,高度差≤1 mm,无内凹,正反面焊缝表面无气孔、裂纹、夹渣等缺陷。每项最多扣5分	30	
5	安全文明生产	无安全隐患、无违章操作,焊接结束场地清理干净。否则不得分	20	

1.3.5　课后作业

1. 填写操作流程

回顾四种位置对接焊的操作过程,填写表 1-14。

表 1-14　操作流程要求

工作步骤	步骤简述	注意事项
试件清理	对于对接接头,坡口及其两侧__________ mm 内要清理干净	采用砂轮__________或__________的方式去除板材表面的氧化膜、铁锈、油和水等,并打磨出__________光泽
平对接焊参数及操作	焊接打底焊道应选用直径__________ mm 的焊条,后续填充层和盖面层根据坡口宽度的增加而选用直径__________ mm 或__________ mm 的焊条。坡口内填充层焊接时,焊条的角度应随焊道的位置而变化,盖面层焊接时,焊条角度小于 90°,以后各道焊缝的焊条角度适当增大一些,焊接电流比填充层焊接要略__________	平对接焊前应将试板置于合适的水平位置固定,间隙__________的一端先焊。 平对接焊时每一层焊缝不宜过__________,一般为__________ mm,应注意在坡口两边稍作停留,以防止坡口与试板两侧熔合处产生__________及__________等缺陷

表 1-14(续 1)

工作步骤	步骤简述	注意事项
平对接盖面焊	盖面层焊接的焊接电流比填充层焊接稍小。使用直径__________ mm 的焊条,运用__________运条法,控制焊接速度,保证坡口边缘良好熔合	为保证盖面焊表面成形平整美观,最后一层填充层应在坡口厚度方向留出__________ mm 不要焊满
横对接焊参数调节及运条	横对接焊均采用直径__________ mm 的焊条 打底层 $I=$__________ A 填充层 $I=$__________ A 盖面层 $I=$__________ A 填充层采用__________的布置,下焊道采用__________运条法,上焊道采用__________或__________的运条方法	打底层采用__________击穿法,应注意控制__________金属的熔化下坠和保护坡口__________金属熔合良好。 填充层焊接时,焊条基本________,要压低电弧做直线运行,停弧时,电弧要稍向下斜拉,再次引燃电弧要在熔池前方__________ mm 处,电弧引燃后迅速拉至原焊接熔池的上端进行接头焊接
横对接盖面焊	盖面层焊道分为四道。盖面焊前需先将填充层焊缝表面焊渣和飞溅等清理干净。焊条不摆动,采用直线运条法,力求每道上焊缝压住下焊缝的 1/3	运条采用__________,电弧中心要对准__________坡口边缘处。焊接第二道时,电弧中心要对准第一道焊缝的__________处。后续以此类推
立对接焊参数及操作	仰对接均采用直径__________ mm 的焊条 打底层 $I=$__________ A 填充层 $I=$__________ A 盖面层 $I=$__________ A	打底层采用__________焊法。尽量避免焊道中间__________,形成两侧__________
立对接填充层焊接	在试板下端上面__________ mm 处引弧,然后回到下端口,熔池在坡口两侧__________并稍作停顿形成一个“肩”,然后断弧,起头结束。更换焊条速度要快,接头处熔池可稍作停顿,比断弧焊时间略长,约__________ s	立对接填充层焊前,检查焊道是否有__________、__________等缺陷,并用砂轮等工具清除。最后一层填充层应在坡口厚度方向留出__________ mm 不要焊满

表 1-14(续2)

工作步骤	步骤简述	注意事项
仰对接焊参数调节及运条	仰对接均采用直径_________ mm 的焊条 打底层 $I=$_________ A 填充层 $I=$_________ A 盖面层 $I=$_________ A	仰对接打底焊操作方法与_________类似,但熔池在坡口两侧的停顿时间_________些,防止熔池下坠而使焊道中间_________,坡口两侧形成死角
仰对接填充焊	单道焊接时,可采用_________或_________的运条方法;分道焊接时,可采用_________或_________的运条方法	注意填充层的高度比坡口的棱角低_________ mm

2. 技能训练

通过反复练习,掌握基本操作要领,直到能独立完成符合标准的四种位置的对接焊缝。

3. 流程描述

将平、横、立、仰等对接焊的操作流程进行详细的梳理,结合 5S 管理要求,写在作业本上。

任务 1.4 焊条电弧焊的管子对接焊(2G、5G)操作

1.4.1 核心概念

管子对接、2G、5C(图 1-51)

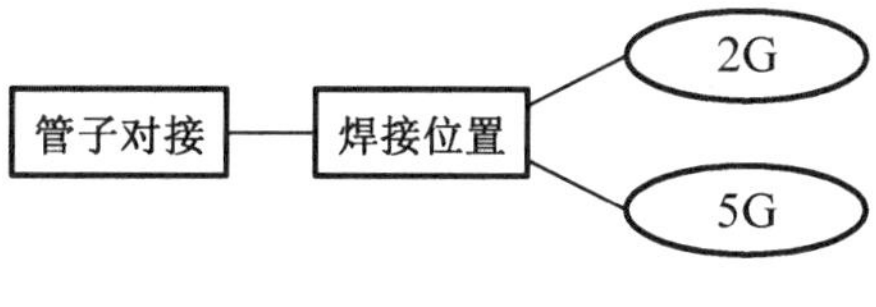

图 1-51 核心概念

1.4.2 学习目标

1. 能根据焊接要求,正确选择工具和材料。

2. 能规范调试焊接设备,调节 2G 和 5G 管子对接位置的焊接工艺参数。

3. 能规范完成焊条电弧焊的 2G 和 5G 管子对接焊的基本操作过程,包括打底层、填充层、盖面层等。

4. 能检验焊接效果与质量,改进与完善焊接操作。

5. 能养成严谨细致、精益求精的工匠品格,以及良好的安全文明操作习惯。

1.4.3 基本知识

1. 管子对接

管子(圆管或方管)是一种环形焊件,对于小直径的管子,不能采用双面焊接,为了保证焊接质量,在焊接操作上应做到单面焊双面成形,为此要求增大装配的间隙量。对于 8 mm 壁厚的管子,要求间隙为 4~5 mm;8 mm 以下壁厚的管子,间隙则为 3~4 mm。此外壁厚大于 5 mm 时,应开 V 形坡口,角度为 50°左右;壁厚小于 5 mm 的管子可不开坡口。在对接缝焊接时,打底层应采用直径 3.2 mm 的焊条,其电弧燃烧应在管内壁接缝处。通常管子对接至少用三点以上的定位焊,点焊应在管内壁处焊透。

管子对接焊按焊接位置可分为管子平对接焊(代号 1G,焊接时管子转动,焊条电弧位置固定)、管子垂直固定横对接焊(代号 2G)、管子全位置对接焊(代号 5G)、管子倾斜全位置对接焊(代号 6G 或 6GR,也是难度最高的对接焊),如图 1-52 所示。实际生产中,常用的焊接位置为 2G 和 5G。

2. 2G 管子对接焊

2G 管子对接焊即管子横对接焊,是管子的轴心线与水平成垂直位置的管对接固定焊,如果管子直径≥78 mm,壁厚≥6 mm,一般可以采用焊条电弧焊方法进行焊接,如图 1-53 所示。

3. 5G 管子对接焊

5G 管子对接焊包含管子平对接、立对接、仰对接等多种位置,是管子的轴心线与水平成平行位置的管子对接焊,也称为管子水平固定对接焊,如图 1-54 所示。

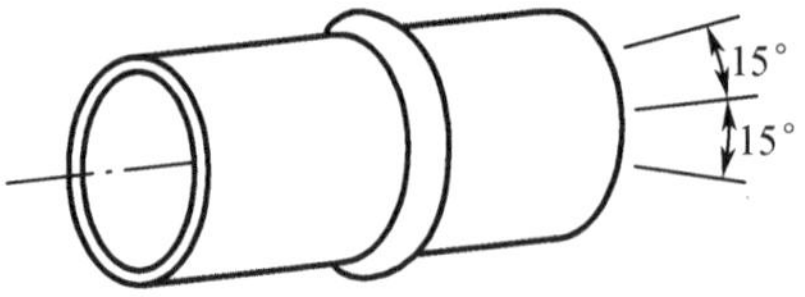

(a)平对接焊试验位置1G（转动）

图 1-52 管子对接焊接位置

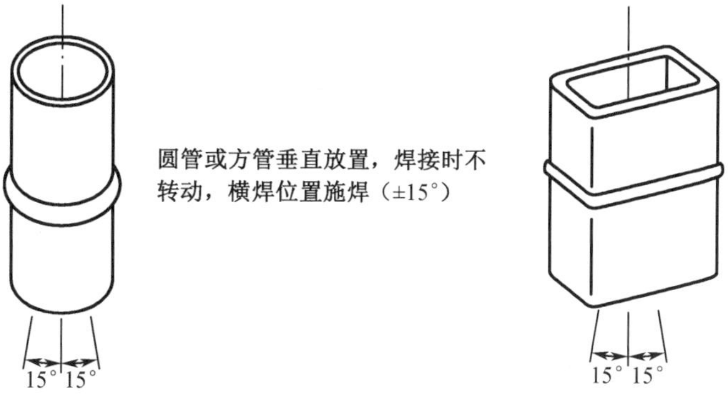

(b)横对接焊试验位置2G

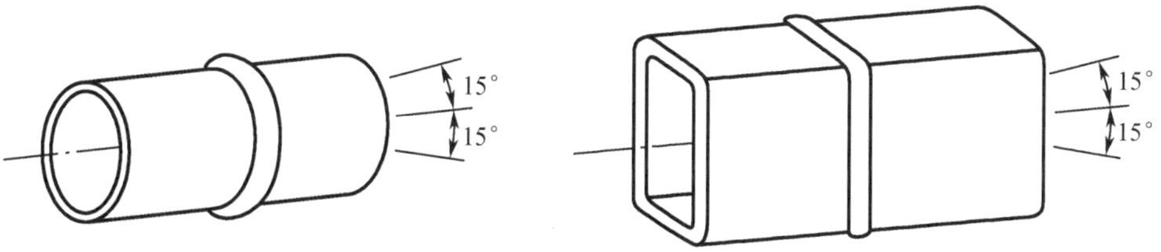

圆管或方管水平放置并固定（±15°），焊接时不
转动，平焊、立焊和仰焊位置施焊

(c)全位置对接焊施焊位置试验位置5G

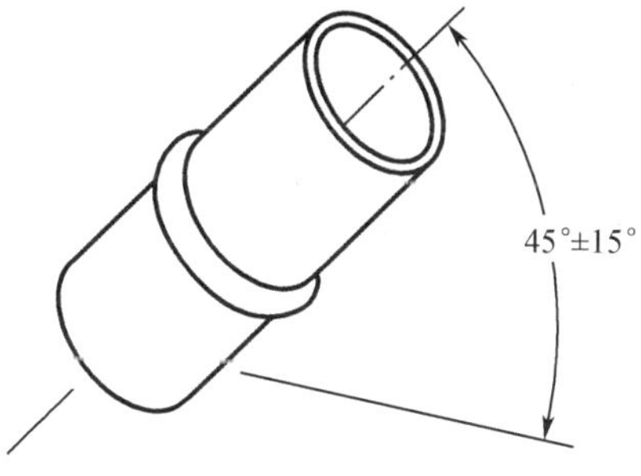

管子倾斜固定（45°±15°），
焊接时不转动

(d)倾斜全位置对接焊施焊位置试验位置6G

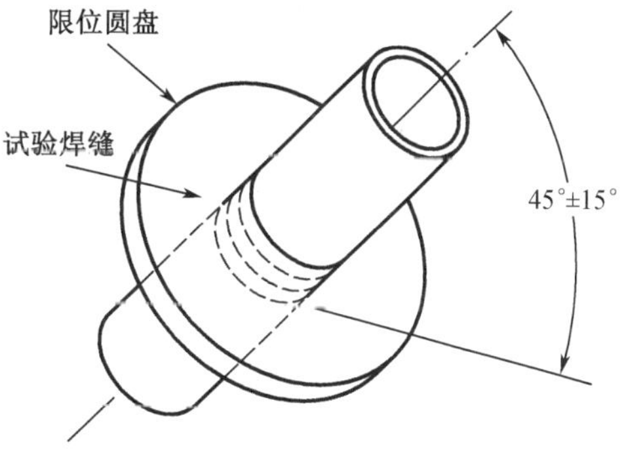

(e)带限位的倾斜全位置对接施焊位置试验位置
6GR(T、Y或K形节点)

图 1-52(续)

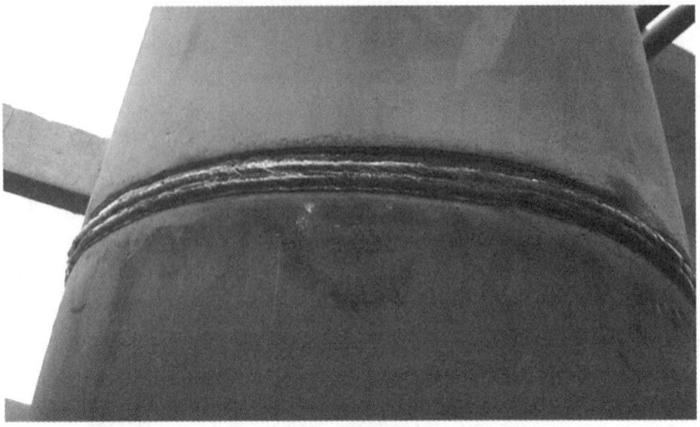

图 1-53　2G 管子对接焊

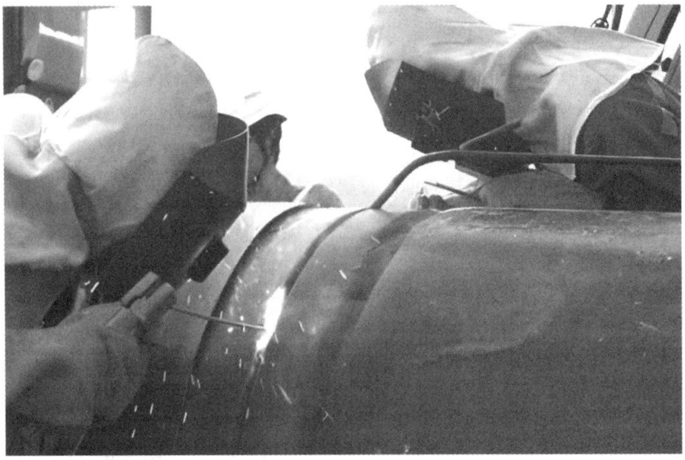

图 1-54　5G 管子对接焊

1.4.4　能力训练

1. 任务描述

管子对接焊(2G、5G)的主要工作任务是在两根管子组成的对接接头上采用焊条电弧焊的方法完成宽度均匀、成形美观的 2G 和 5G 位置的对接焊缝;主要操作过程是在对接接头上根据 2G 或 5G 的位置要求,引燃电弧后移动焊枪形成符合要求的对接缝,对接焊缝的尺寸应符合要求,成形美观,焊缝表面及内部无裂纹、气孔等缺陷。作为一名焊接人员,该如何顺利完成 2G 和 5G 的焊接操作呢?

2. 操作条件

(1)焊接设备采用 ZX7-400 弧焊整流器。

(2)试件采用低碳钢(20G),尺寸为 ϕ108 mm×8 mm 的管子,每种焊接位置用 2 根管子,坡口角度为 60°~65°。

(3)焊材材料:选用 E5015(J507)焊条,烘干温度为 350~400 ℃,保温 2 h,2G 和 5G 位置均采用直径 3.2 mm 的焊条。

(4)焊前清理:管子坡口内部及其两侧 20~30 mm 内要清理干净。采用砂轮打磨或化学处理的方式去除板材表面的氧化膜、铁锈、油和水等,并打磨出金属光泽。

(5)2G 管子装配定位焊,坡口间隙控制在 2.5~3 mm,采用 2 点定位,在 2 点钟和 10 点钟方位的坡口内,长度 10~15 mm,然后用砂轮对定位焊的两端进行打磨削斜处理;或采用过桥式点焊(焊接至此处去除),如图 1-55 所示。试件固定高度一般为试板最底端至地面 500~650 mm。

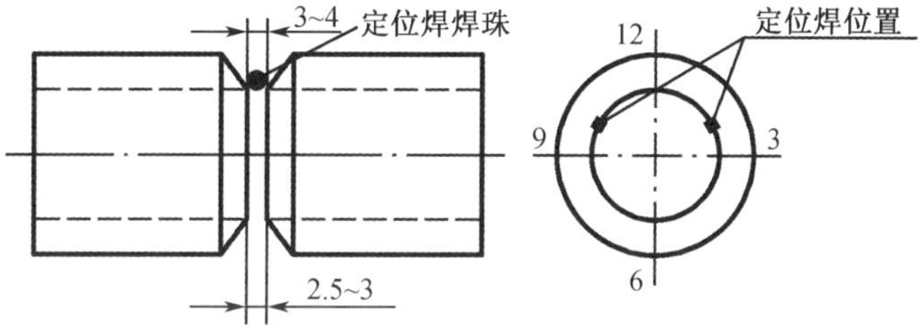

图 1-55　2G 管子装配

(6)5G 管子装配定位焊,坡口间隙控制在 3~3.5 mm,定位焊在 2 点钟和 10 点钟方位的坡口内,长度 10~15 mm,然后用砂轮对定位焊的两端进行打磨削斜处理;或采用过桥式点焊(焊接至此处去除),如图 1-56 所示。试板固定高度一般为试板最底端至地面 800~900 mm。

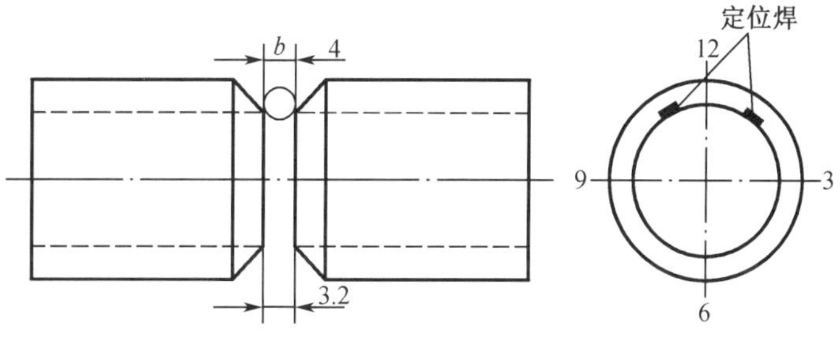

图 1-56　5G 管子装配

3. 安全注意事项

(1)正确使用焊接防护用品,身体不要直接接触焊件,换焊条时要戴好焊工手套。

(2)确保工作场所无可燃物,做到有效通风,照明良好。

(3)焊机电源外壳必须有良好的接地或接零,焊枪绝缘手柄必须完整无缺。

(4)焊接时严格遵守电焊作业“十不烧”要求。

(5)正确使用焊接设备,调节焊接电流。

(6)2G 管子对接焊操作方法基本与横对接类似,不同的是管子是圆弧形,焊条要随圆弧转动。

(7)2G 管子对接焊打底层应在坡口内引弧,随后采用直线或斜锯齿形运条法向前移动。

(8)2G 管子对接焊填充层焊接可采用单道多层焊或多道多层焊。焊接时电流比平焊时小 10%~15%,运条方法有直线形、圆圈形。焊条遇到凸起的地方要稍快,遇到凹陷的地方则要慢,焊道自下而上紧密排列。

(9)2G 管子对接焊盖面层焊接上、下两侧焊道要快,中间焊道要慢,焊条摆动要均匀平稳。为避免出现咬边,焊条的下垂角度要小。

(10)5G 管子对接焊按照仰对接—立对接—平对接的顺序由低向高进行焊接,这样熔孔容易观察,液态金属和熔渣易于分离,熔池温度和熔孔尺寸也较易控制。

(11)5G 管子对接焊打底焊焊条从下向上焊接操作位置变化时,焊条位置也随之发生变化。焊接时,引弧动作要准确稳定,灭弧动作要果断,每一滴液态金属的送进都要到位。

(12)5G 管子对接焊填充层的运条方法可采用锯齿形摆动,焊条角度和打底焊时相同。为控制咬边,焊接时注意焊条摆动时中间要快,两端稍作停顿。

(13)5G 管子对接焊盖面焊采用月牙形运条法,在焊缝坡口两侧边缘要注意停顿,不得采用长弧焊接。焊条不能来回快速摆动,焊接速度也不能过慢。

(14)焊接结束切断电源,工具放回指定位置,清扫工作场所,做到工完料清。

4. 操作过程

(1)2G 管子对接焊操作(表 1-15)

表 1-15　2G 管子对接焊操作

序号	步骤	操作方法及说明	质量标准
1	劳防用品检查	帆布工作服、工作鞋、面罩、手套、防护眼镜等穿戴整齐	工作服、工作鞋等防护用品穿戴规范,无破损或遗漏

表 1-15(续 1)

序号	步骤	操作方法及说明	质量标准
2	焊接设备、工具检查	检查接地线是否牢固,焊接电缆线、焊枪是否有破损	接地线牢固,电缆、焊枪表面无破损
3	管子焊前清理	使用砂轮机将管子对接接头坡口内部及其附近 20 mm 范围内的油漆、锈、水分及氧化皮等杂质清理干净	管子坡口表面清洁、干燥、露出金属光泽
4	管子试件装配	根据位置要求装配 2G 管子对接,留出适当间隙,并采用 2 点定位	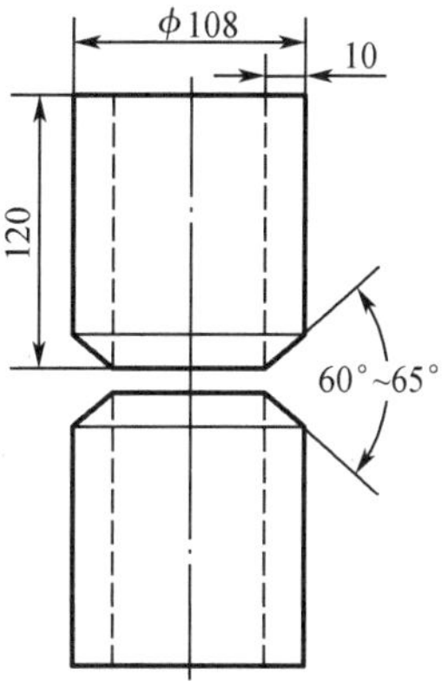
5	2G 管子对接焊参数调节	均采用直径 3.2 mm 的焊条 打底层 I=90~110 A(断弧焊) 填充层 I=120~130 A(断弧焊或连弧焊) 盖面层 I=110~120 A(断弧焊或连弧焊)	电流偏差不超过 10%
6	2G 管子对接焊打底层参数调节和焊条角度调节	焊条与试件的角度如右图所示。因定位焊在 2 点钟和 10 点钟位置,起弧点最好在 6 点钟左右的位置。 起弧后,电弧从上坡口引至下坡口,当坡口两侧的熔敷金属形成熔池,并产生熔孔时,起头结束,然后采用横焊的操作手法施焊。不同的是起弧端须进行处理,当焊接至起弧端剩 3~4 mm 时,迅速采用连弧焊,用来回运条法接头并填满弧坑	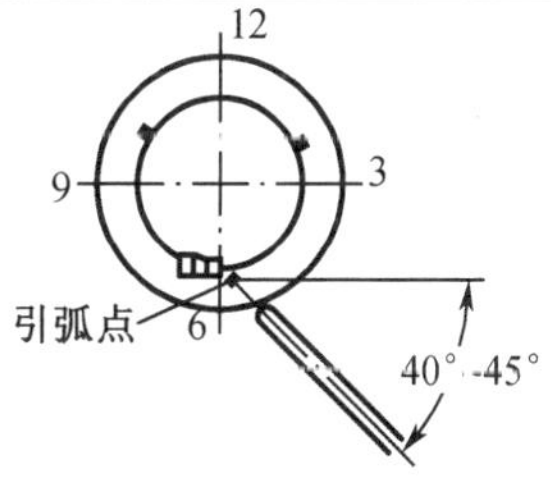 (a) 焊条的纵向角度 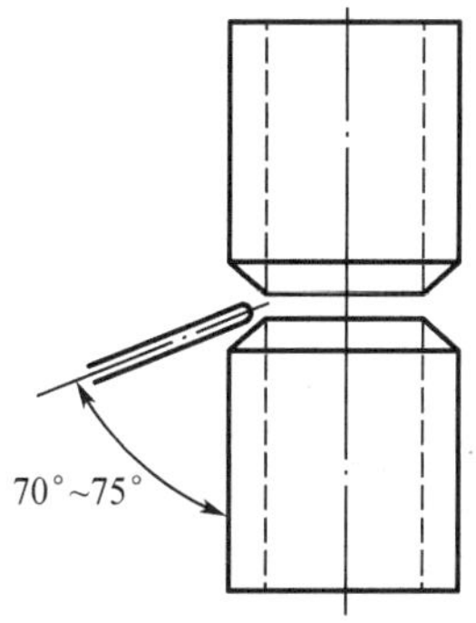 (b) 焊条的横向角度

表 1-15(续 2)

序号	步骤	操作方法及说明	质量标准
7	2G 管子对接焊填充层焊接	填充层施焊基本类同板横对接焊,不过上下两道的接头须错开 10~15 mm	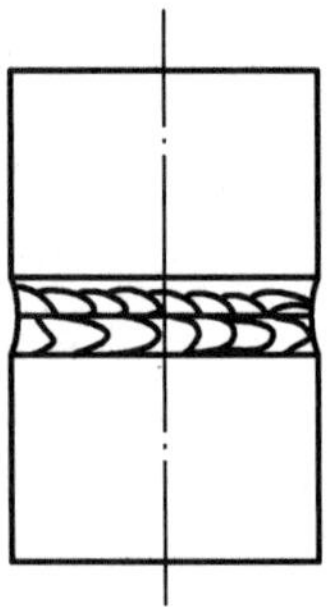
8	2G 管子对接焊盖面焊操作	盖面层采用多层焊,各层起弧的接头应错开,保证各道之间的焊缝过渡和顺,没有咬边、凹陷和焊瘤等缺陷	盖面焊缝整齐美观,无表面缺陷
9	焊后清理	清理 2G 管子对接焊缝熔渣及飞溅等,打磨干净	焊缝表面无焊渣、飞溅等杂质残留,焊缝表面均匀光顺
10	焊后检验	使用手电筒、放大镜、焊接检验尺对 2G 管子对接焊缝进行外观检测	焊缝表面无气孔、裂纹等缺陷,焊缝成形尺寸及其偏差在要求范围内
11	焊后安全检查	关闭电源、检查火灾隐患、打扫场地	场地打扫干净、工具设备摆放整齐

(2)5G 管子对接焊操作(表 1-16)

表 1-16　5G 管子对接焊操作

序号	步骤	操作方法及说明	质量标准
1	劳防用品检查	帆布工作服、工作鞋、面罩、手套、防护眼镜等穿戴整齐	工作服、工作鞋等防护用品穿戴规范,无破损或遗漏
2	焊接设备、工具检查	检查接地线是否牢固,焊接电缆线、焊枪是否有破损	接地线牢固,电缆、焊枪表面无破损
3	管子焊前清理	使用砂轮机将管子对接接头坡口内部及其附近 20 mm 范围内的油漆、锈、水分及氧化皮等杂质清理干净	管子坡口表面清洁、干燥、露出金属光泽

表 1-16(续 1)

序号	步骤	操作方法及说明	质量标准
4	管子试件装配	根据位置要求装配 5G 管子对接,留出适当间隙,并采用 2 点定位	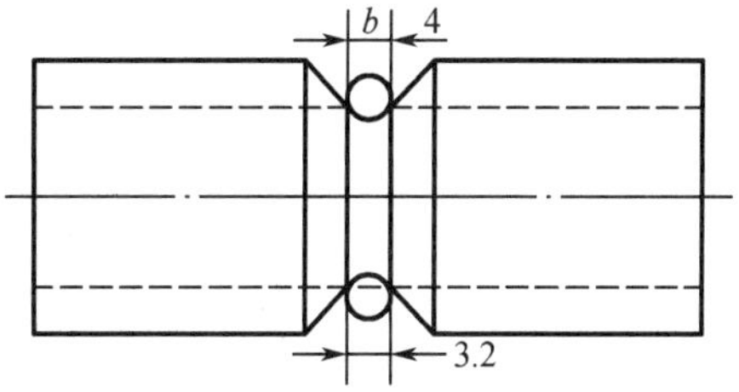
5	5G 管子对接焊参数调节	均采用直径 3. 2 mm 的焊条,断弧焊 打底层 I=90~100 A 填充层 I=120~130 A 盖面层 I=110~120 A	电流偏差不超过 10%
6	5G 管子对接焊打底焊焊条角度调节及操作要求	焊条与试件的角度如图(a)所示。 ①起弧施焊时,可在 5 点钟或 7 点钟的位置引弧,然后在坡口的两侧各做点焊,使它们连接,再在连接处断弧焊,形成一个熔孔即起头结束。 ②6 点钟处接头,由于起头较为困难,容易出现电弧偏吹或熔滴下坠,所以当焊缝过 9 点钟处断弧时,可对 6 点钟处进行打磨清除缺陷,并使接头呈斜坡状便于接头。 ③收弧时,为了保证接头熔合良好,在 12 点钟处的接头部位也应打磨处理成斜坡状,当电弧距接头处 3~4 mm 时,迅速用连弧焊来回运条法使接头封闭熔合并继续向前焊一小段;也可采用断弧焊方法把弧坑填满,如图(c)所示	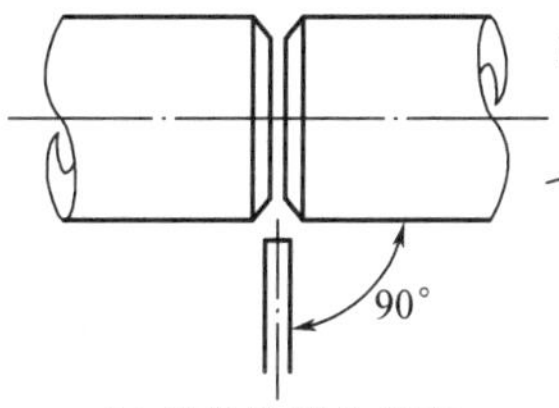 (a) 焊条的横向角度 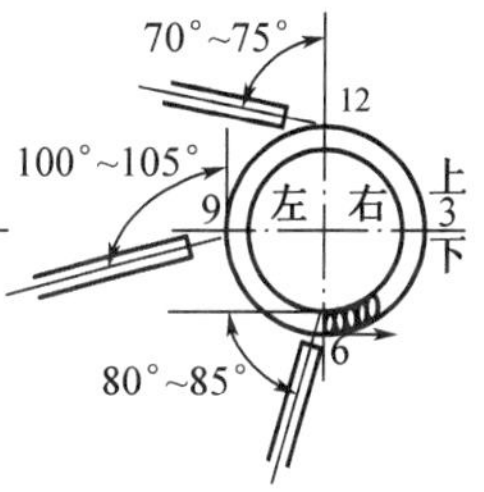 (b) 焊条的纵向角度 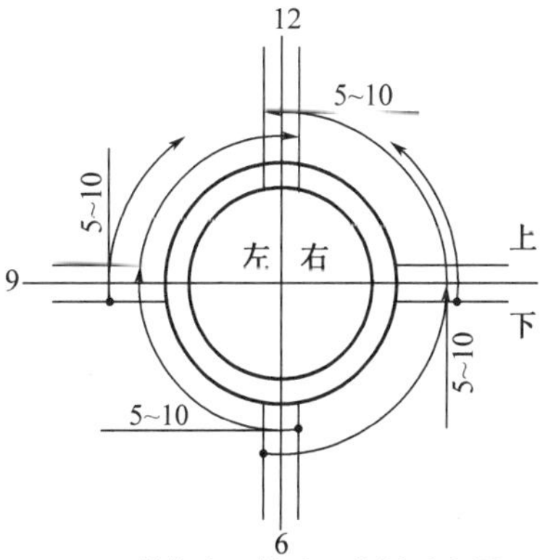 (c)5G 管起头、接头、收尾示意图

表 1-16(续 2)

序号	步骤	操作方法及说明	质量标准
7	5G 管子对接焊填充层焊接	填充层的焊接操作时,焊条角度参照打底层焊接。 焊接前,清除坡口内及周围的飞溅、焊渣、烟尘,铲削或打磨接头处凸出部分,起头、接头、收弧焊接时的位置及填充层高度如右图所示	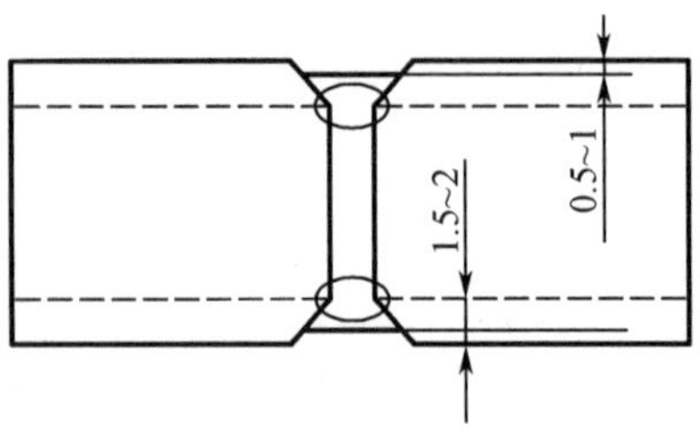 5G管填充层高度示意图
8	5G 管子对接焊盖面层焊接	盖面层的焊接操作方法和填充层相似,不同的是焊条的摆幅比中间层大,须注意的是控制好焊缝两侧不要产生咬边	盖面焊缝整齐美观,无表面缺陷
9	焊后清理	清理 5G 管子对接焊缝熔渣及飞溅等,打磨干净	焊缝表面无焊渣、飞溅等杂质残留,焊缝表面均匀光顺
10	焊后检验	使用手电筒、放大镜、焊接检验尺对 5G 管子对接焊缝进行外观检查	焊缝表面无气孔、裂纹等缺陷,焊缝成形尺寸及其偏差在要求范围内
11	焊后安全检查	关闭电源、检查火灾隐患、打扫场地	场地打扫干净、工具设备摆放整齐

问题情景一

现场有一组 ϕ408 mm×8 mm 的管子需进行 2G 位置焊接,如何确保焊接质量?

提示 1　大管子装配时采用 4 点或 6 点定位焊,确保装配时管子上下无错边。

提示 2　将大管子环缝分为 6 段或 8 段,采用对称焊,并在焊接过程中根据上下管子的变形情况及时调整焊接顺序。

问题情景二

某船管子安装时,有一 ϕ133 mm×8 mm 管子水平穿过某船舱壁,问如何焊接管子与舱壁的环形角焊缝?

提示　按照 5G 位置管子对接的焊接顺序,以及仰角焊—立角焊—平角焊顺序,由下向上焊接。

5. 学习结果评价(表1-17)

表1-17 学习结果评价

序号	评价项目	评价标准	评分	得分
1	个人防护	帆布工作服、工作鞋、面罩、手套、防护眼镜等穿戴整齐、规范,无破损。漏做或未做,全扣	20	
2	焊前准备	配电箱完整、无漏电现象;焊接保护接地牢固;试板表面干净,露出金属光泽。每项5分	15	
3	焊接过程	焊接参数调整正确;电弧稳定燃烧;收弧处弧坑饱满。每项5分	15	
4	焊后检验	焊缝宽度整齐,宽度差≤2 mm;焊缝余高≤3 mm,高度差≤2 mm;焊缝咬边深度≤0.5 mm,累计长度≤10 mm;背面高度≤2 mm,高度差≤1 mm,无内凹;正反面焊缝表面无气孔、裂纹、夹渣等缺陷;管子母材表面无引弧痕迹。每项最多5分	30	
5	安全文明生产	无安全隐患、无违章操作,焊接结束场地清理干净,否则不得分	20	

1.4.5 课后作业

1. 填写操作流程

回顾平对接焊和立对接焊的操作过程,填写表1-18。

表1-18 操作流程要求

工作步骤	步骤简述	注意事项
2G管子装配	2G管子装配定位焊,坡口间隙控制在__________mm,采用__________点定位,在2点钟和10点钟方位的坡口内,长度__________mm,然后用砂轮对定位焊的两端进行打磨__________处理;或采用__________点焊(焊接至此处去除)	试件固定高度一般为试板最底端至地面__________mm

表 1-18(续)

工作步骤	步骤简述	注意事项
2G 管子焊接参数	均采用直径__________mm 的焊条 打底层 I=__________A 填充层 I=__________A 盖面层 I=__________A	2G 管子对接焊打底层应在__________引弧，随后采用__________或__________运条法向前移动
2G 管子打底焊起弧	起弧后,电弧从__________引至__________,当坡口两侧的熔敷金属形成熔池,并产生熔孔时,起头结束,然后采用__________的操作手法施焊。起弧端须进行处理,当焊接至起弧端剩__________mm 时，迅速采用__________焊用来回运条法接头并填满弧坑	2G 管子对接焊操作方法基本与__________类似,不同的是管子是__________形,焊条要随__________转动
5G 管子焊接参数	均采用直径__________mm 的焊条,__________焊。 打底层 I=__________A 填充层 I=__________A 盖面层 I=__________A	5G 管子对接焊按照__________的顺序__________进行焊接,这样熔孔容易观察,液态金属和熔渣易于分离,熔池温度和熔孔尺寸也较易控制
5G 管子焊接打底焊	起弧施焊时,可在__________或__________的位置引弧,然后在坡口的两侧各做__________,使它们连接,再在连接处__________焊,形成一个__________即起头结束	5G 管子对接焊打底焊焊条__________焊接操作位置变化时,焊条位置也随之发生变化。焊接时,__________动作要准确稳定,__________动作要果断,每一滴液态金属的送进都要到位

2. 技能训练

通过反复练习,掌握基本操作要领,直到能独立完成符合标准的 2G、5G 管子对接焊缝。

3. 流程描述

将 2G、5G 管子对接的操作流程进行详细的梳理,结合 5S 管理要求,写在作业本上。

模块 2　CO_2 气体保护半自动焊

任务 2.1　CO_2 气体保护半自动焊的平敷焊操作

2.1.1　核心概念

CO_2 气体保护半自动焊、药芯焊丝、平敷焊(图 2-1)

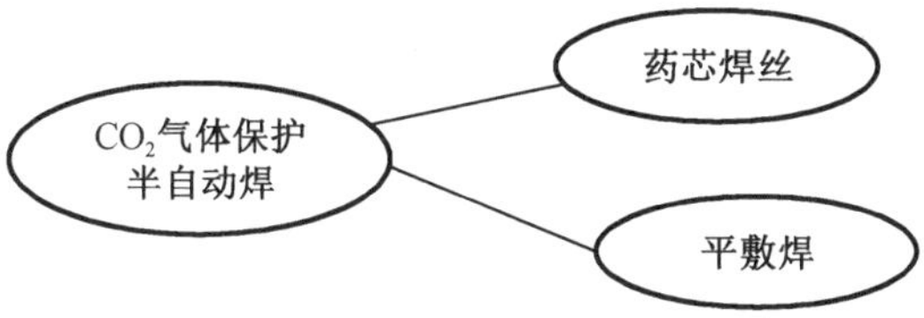

图 2-1　核心概念

2.1.2　学习目标

1. 能根据 CO_2 气体保护半自动焊要求,正确选择工具和材料。
2. 能规范调试焊接设备,调节工艺参数。
3. 能规范完成 CO_2 气体保护半自动焊的平敷焊基本操作过程,包括引弧、收弧等。
4. 能检验 CO_2 气体保护半自动平敷焊焊接效果与质量,改进与完善焊接操作。
5. 能养成严谨细致、精益求精的工匠品格,以及良好的安全文明操作习惯。

2.1.3　基本知识

1. CO_2 气体保护半自动焊基本原理

CO_2 气体保护半自动焊以 CO_2 为保护气体,用焊丝为电极引燃电弧,焊丝的送进靠送丝机构自动送丝,实现半自动焊,如图 2-2 所示。它具有生产效率高、成本低、焊接变形小、能进行全位置焊接、有利于焊接过程机械化、自动化等优点,以细丝 CO_2 气体保护半自动焊工艺在黑色金属焊接结构的生产中,以及船舶制造中的应用越来越广泛。但 CO_2 气体保护半自动焊氧化性较强，冷却速度快，所以有焊缝成形稍差、焊接烟尘大、飞溅大等缺点。

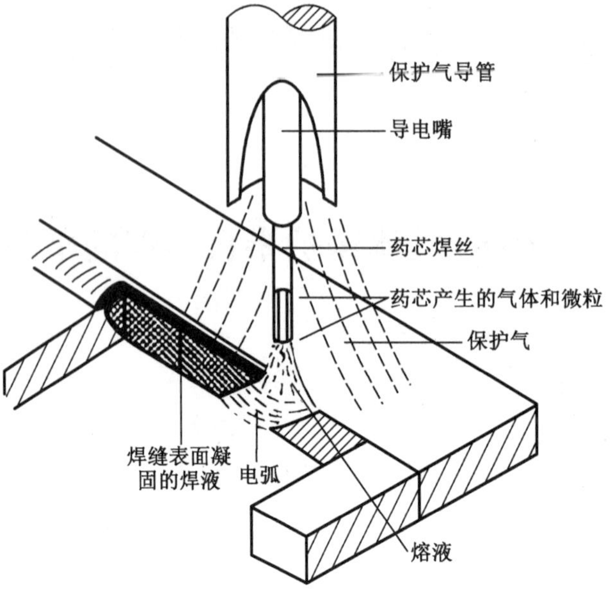

图 2-2　CO_2 气体保护半自动焊基本原理

CO_2 气体保护半自动焊用的焊丝绕曲成盘状，安装在送丝机构上(图 2-3)，由进给电机自动送至手把式(鹅颈式)焊枪，电源通过焊枪内的导电嘴接通。焊接时从焊枪端头的喷嘴内喷出 CO_2 气体，防止大气中的氧、氮对熔敷金属的影响。焊接过程是手握焊枪，根据不同的焊接位置、不同的焊接规范进行全位置焊接。开始焊接只需按住焊枪把手开关即可，松开开关立即停止焊接，操作简单，焊工很快便可适应，如图 2-4 所示。

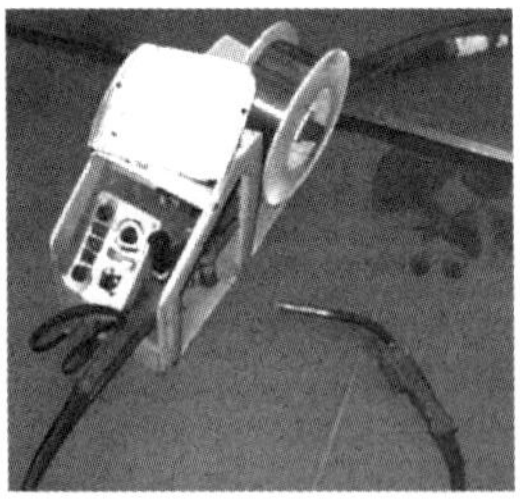

图 2-3　送丝机构

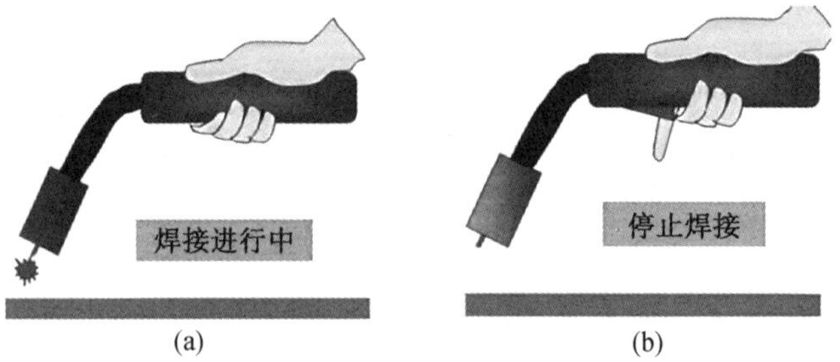

图 2-4　CO_2 气体保护半自动焊操作

CO_2 气体保护半自动焊主要设备由电源、送丝机构、焊枪、遥控盒、流量计等组成，焊接气体由 CO_2 气瓶或 CO_2 供应站的管路直接进入焊枪，如图 2-5 所示。

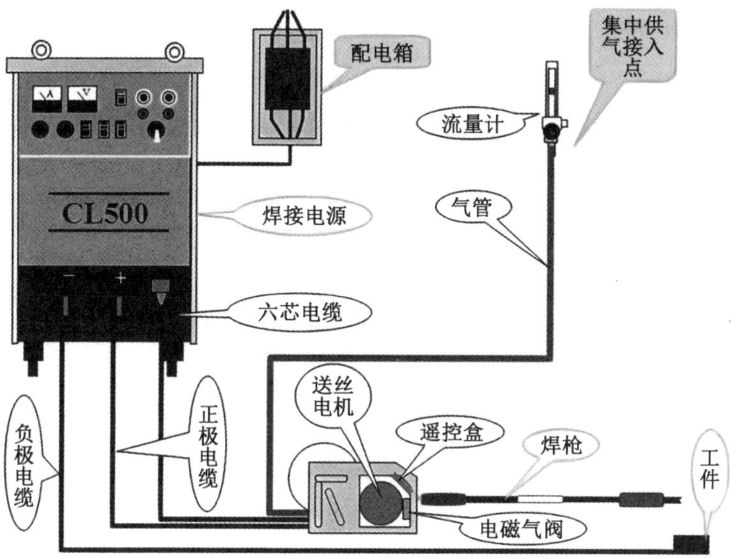

图 2-5　焊接设备组成

2. 焊丝

CO_2 气体保护半自动焊焊丝可采用直径 0.8 mm、1.0 mm、1.2 mm、1.4 mm、1.6 mm 等规格的实心焊丝或药芯焊丝，并须经相关船级社认证。通常焊丝有规则地盘绕在焊丝盘或焊丝筒内。

实心焊丝的加工是直接把炼制的线材拉拔成目标直径，并为了防止气孔、减少飞溅和保证焊缝具有一定的力学性能，在焊丝中添加一定的合金元素，限制含碳量（0.1%以下），提高硅锰联合脱氧效果。但实心焊丝的缺点也比较明显。一是实心焊丝的电弧弧光更强，焊工必须做好劳动保护；二是实心焊丝焊接时的飞溅大，清理飞溅的工作量较大，焊缝外观成形质量一般；三是实心焊丝只有气体保护，保护效果一般。

药芯焊丝是用薄钢带卷成圆形管，其中填入一定成分的药粉，通过拉制而成的焊丝。采用药芯焊丝焊接，可形成气渣联合保护，具有焊缝成形好、焊接飞溅小、全位置焊接操作工艺性能好、焊接熔敷速度快、生产效率高等优点。药芯焊丝按生产特点又分为有缝和无缝两种。无缝药芯焊丝的成品丝可进行镀铜处理，焊丝保管过程中的防潮性以及焊接过程中的导电性均优于有缝药芯焊丝。目前船舶生产中主要采用药芯焊丝 CO_2 气体保护半自动焊，焊丝直径可分为 1.2 mm、1.4 mm，如图 2-6 所示。

3. 焊前准备

（1）CO_2 气体保护半自动焊焊前应检查焊接设备（焊接电源、送丝机构、流量器等）运行是否正常；送丝机构、送丝轮凹槽直径是否与所使用的焊丝直径匹配；电磁气阀是否动作，不允许有直风现象;压紧调节杆应根据所使用的焊丝调节到相应的位置,压力过紧会使焊丝变形,齿痕损坏导电嘴,压力过小送丝不稳定,造成电弧不稳定;CO_2 气体保护半自动焊气体流量内场为 15~20 L/min,外场为 20~30 L/min,气体流量过大反而影响保护效果。严禁不使用流量器直接进行焊接。清除定位焊焊渣,去除坡口内和两侧各 20~30 mm 范围内的油、锈、氧化物等污物和潮气。

(a)无缝药芯焊丝　　(b)有缝药芯焊丝

图 2-6　药芯焊丝

(2)开始焊接前,适当空放 CO_2 气体,去除焊枪气管内的空气和检查导电嘴是否磨损,喷嘴孔是否有飞溅物堵住;调节好气体流量。

(3)所使用的 CO_2 气体流量为 8~25 L/min,通常采用 10~15 L/min。室外焊接时可适当增加气体流量,风速<2 m/s 时,气体流量不大于 15 L/min,风速每增加 1 m/s,气体流量增加 12~13 L/min,最大流量不大于 50 L/min。

(4)根据各种焊接位置和层次调整好焊接规范,使焊接电流和电弧电压相匹配,其基本公式为

$$U(\text{电弧电压}) = 14+0.05I(\text{焊接电流})$$

(5)凡是 CO_2 气瓶供应气体焊前必须将低压表调至 3~4 kg/cm^2,预热器通电,然后通气调节流量器的流量。

(6)凡焊脚≤4.5 mm,拼板板厚≤8 mm,采用直径 1.2 mm 的焊丝;焊脚≥5 mm,拼板厚≥10 mm,可采用直径 1.4 mm 的焊丝(也可采用直径 1.2 mm 的焊丝),但不得采用直径 1.6 mm 的焊丝。

4. 焊接操作

(1)引弧:引弧前应将导电嘴前伸出的多余部分焊丝剪去(留下 7 mm 左右),或把焊丝端头的球形头去掉。引弧一般采用直接短路引弧。引弧前要求焊丝端头与焊件保持约 3 mm 的距离。引弧点应在焊缝端头前的引弧板上或在离端头 10~20 mm 处(图 2-7)。

(2)焊接接头的连接:为避免接头处脱节和凸起,引弧点在弧坑前 10~20 mm 处,如图 2-8 中①点,电弧引燃后快速移向弧坑中心点②,再向③的方向开始焊接。窄焊缝连接按图 2-8(a)的运条方法进行,宽焊缝连接要按图 2-8(b)的运条方法进行。

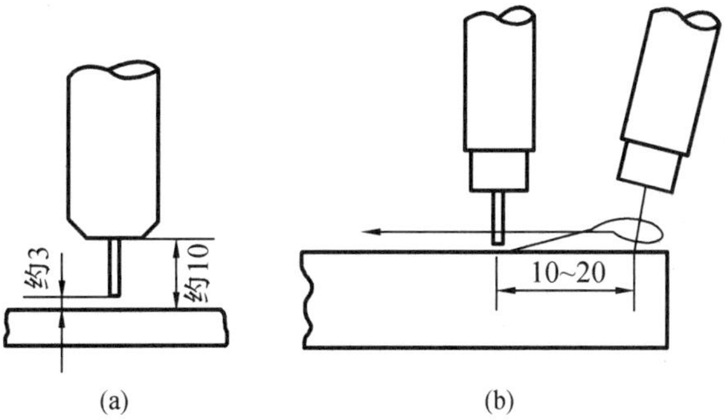

图 2-7　引弧方法示意图

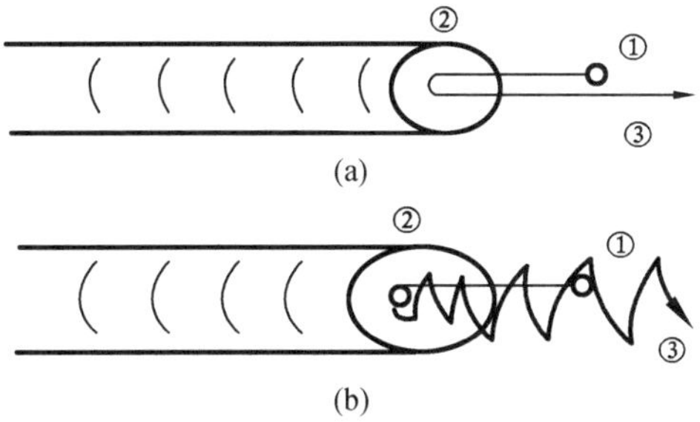

图 2-8　焊接接头连接方法

(3)收弧:焊缝收弧端必须填满弧坑,并在熔池未凝固前对弧坑处继续通气保护。通常采用间断送丝点焊或利用电弧自动衰减装置。

(4)焊接时喷嘴离工件的高度:当使用直径 1.2 mm 或直径 1.4 mm 焊丝,焊接电流为 100 A 时,其高度为 10~15 mm;200 A 时,其高度为 15 mm;300 A 以上时,其高度为 20~25 mm。焊丝伸出长度一般为 8~14 mm(指导电嘴端头伸出的长度)。

(5)焊接方向:焊接时焊枪沿着水平方向由左向右移动称为右焊法。相反,焊接时焊枪沿着水平方向由右向左移动称为左焊法(图 2-9)。左焊法视线清楚,不易焊偏,外观成形美观,但观察熔池较困难,焊缝熔深较浅,主要适用于薄板。而右焊法的熔池可见度以及气体保护性好,焊缝熔深较深,主要适合于焊接厚板。

2.1.4　能力训练

1. 任务描述

CO_2 气体保护半自动焊平敷焊的主要工作任务是在一块钢板上采用焊接的方法完成一条宽度均匀、成形美观的焊缝;主要操作过程是在一块水平放置的钢板上,引燃 CO_2 气体保护半自动焊电弧后通过焊枪的移动形成一条符合要求的焊缝,要求焊接电弧稳定、焊缝外观成形尺寸符合要求,焊缝内外无裂纹、气孔等缺陷。那么作为一名焊接人员,如何引燃 CO_2 气体保护半自动焊电弧和让电弧一直稳定燃烧呢?

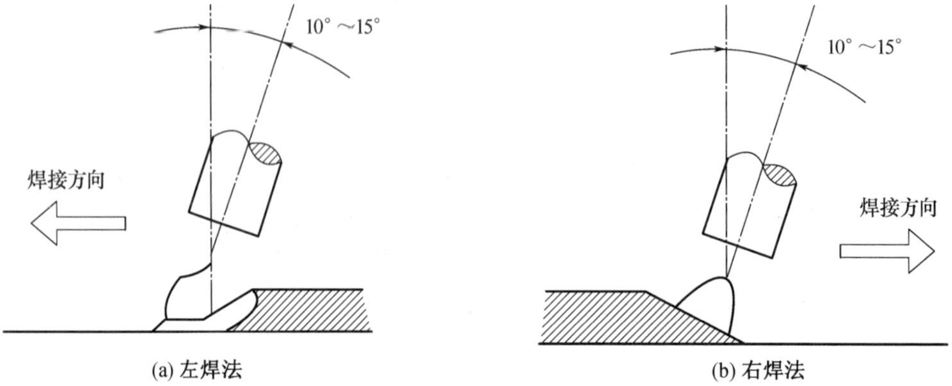

图 2-9　左焊法和右焊法

2. 操作条件

(1)焊接电源一般采用额定电流 500 A 的平特性直流焊接电源(CL500),焊枪可采用 350 型的鹅颈式焊枪,送丝机构配有 ϕ1.0 mm/ϕ1.2 mm 或 ϕ1.2 mm/ϕ1.4 mm 送丝轮,CO_2 气瓶的气体纯度≥99.5%。

(2)试板采用低碳钢(Q235A),尺寸为 300 mm×100 mm×12 mm。

(3)焊丝采用 E501T-1(GFL-71),直径为 1.2 mm,电流为 200~240 A,焊接电压为 20~24 V。

(4)采用砂轮机将试板表面的油漆或铁锈等污物清除,直至露出金属光泽。

(5)在试板上用直尺画线。

3. 安全注意事项

(1)正确使用焊接防护用品,身体不要直接接触焊件,换焊丝时要戴好焊工手套。

(2)确保工作场所无可燃物,做到有效通风,照明良好。

(3)焊机电源外壳必须有良好的接地或接零,焊枪绝缘手柄必须完整无缺。

(4)焊接时严格遵守电焊作业"十不烧"要求。

(5)检查焊接设备(焊接电源、送丝机构、流量器等)运行是否正常;送丝机构、送丝轮凹槽直径是否与所使用的焊丝直径匹配;电磁气阀是否动作,不允许有直风现象;压紧调节杆应根据所使用的焊丝直径调节到相应的位置,确保送丝稳定。

(6)焊接时要注意对熔池的观察,熔池的亮度反映熔池的温度,熔池的大小反映焊缝的宽窄;注意对熔渣和熔化金属的分辨。

(7)喷嘴必须经常清理,导电嘴亦须经常更换。在焊接过程中要避免焊枪软管过度弯曲。

(8)由于风对气体的保护效果影响较大,因此室外焊接施工时在风速超过 2 m/s 环境下,应采取相应的防风措施。

(9)焊缝的引弧和连接处平滑,无局部过高、过宽现象,收弧处无缺陷。

(10)焊波均匀,无明显焊缝缺陷。

(11)焊后焊件非焊接区域无引弧痕迹。

(12)焊接结束切断电源,工具放回指定位置,清扫工作场所,做到工完料清。

4. 操作过程(表2-1)

表2-1　CO_2气体保护半自动焊操作过程

序号	步骤	操作方法及说明	质量标准
1	劳防用品检查	帆布工作服、工作鞋、面罩、手套、防护眼镜等穿戴整齐	工作服、工作鞋等防护用品穿戴规范,无破损或遗漏
2	焊接设备、工具检查	检查接地线是否牢固,焊接电缆线、焊枪是否有破损	接地线牢固,电缆、焊枪表面无破损
3	试件清理	使用角向砂轮机将待焊处一定范围内的油漆、锈、水分等杂质清理干净	试件表面清洁、干燥、露出金属光泽
4	焊接参数调节	使用直径1.2 mm的药芯焊丝,电流为200~240 A,电压为22~26 V	焊接电流、电压偏差不超过10%
5	引弧要求	引弧前减去超长焊丝,主要采用直击引弧法,且引弧时不必抬起焊枪	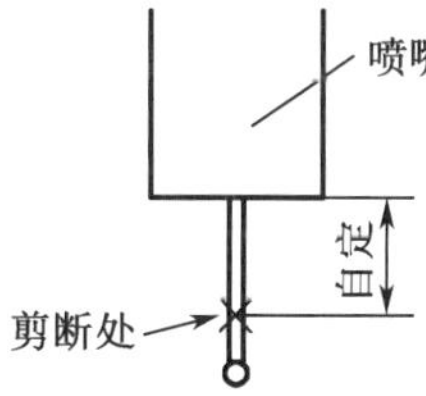 (a)引弧前剪去超长焊丝 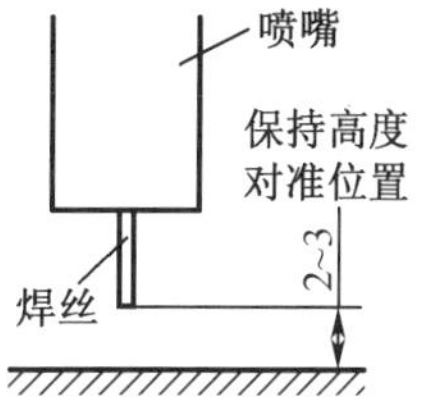 (b)准备引弧

表 2-1(续 1)

序号	步骤	操作方法及说明	质量标准
6	引弧焊枪操作	慢送丝—短路,压住焊枪—电弧引燃,保持距离	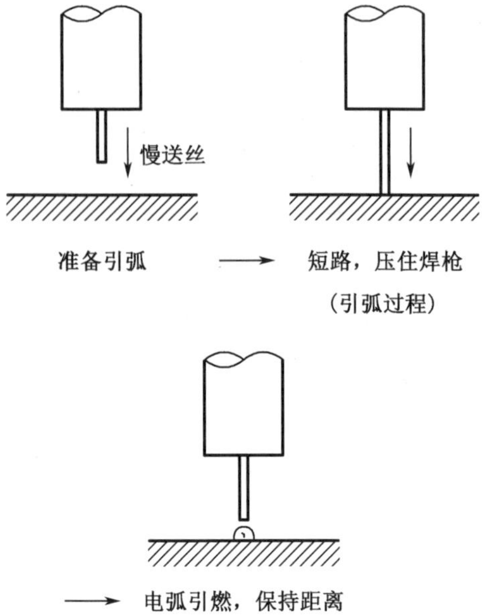
7	焊缝接头连接	可采用三种连接方法如右图所示: (a)长弧预热起焊的直线焊接 (b)长弧预热起焊的摆动焊接 (c)短弧起焊的直线焊接	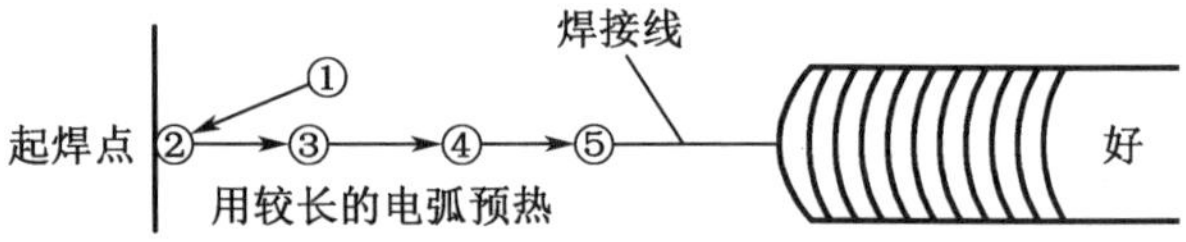 (a) 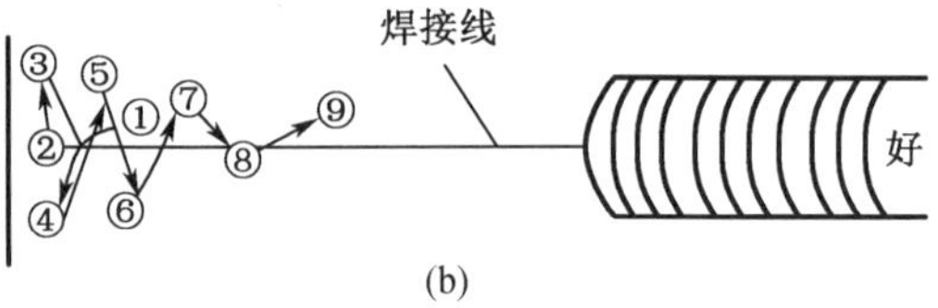 (b) 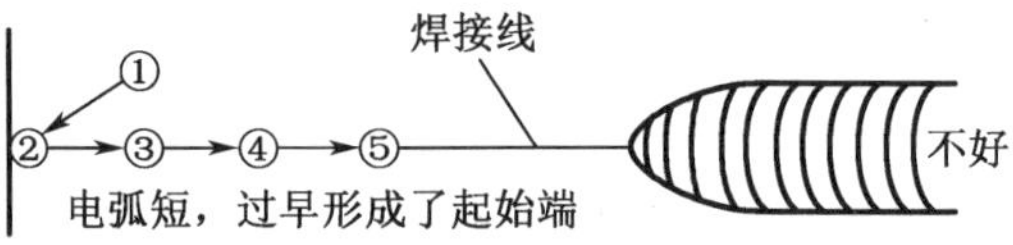 (c)
8	收弧	松开焊枪开关,焊机停止送丝,电弧熄灭,滞后 2~3 s 断气,操作结束。关闭气源、预热器开关和控制电源开关,关闭总电源	焊缝外观整齐美观,与母材平滑过渡

表 2-1(续 2)

序号	步骤	操作方法及说明	质量标准
9	试件清理	用敲渣锤、凿子、钢丝刷等工具将焊缝表面的焊渣及飞溅清理干净	焊缝周围无飞溅、熔渣、焊接烟尘和引弧痕迹
10	焊后检验	使用手电筒、放大镜、焊接检验尺对焊缝进行外观检测	焊缝表面无缺陷,焊缝尺寸及其偏差在要求范围内
11	焊后安全检查	关闭电源、检查火灾隐患、打扫场地	场地打扫干净、工具设备摆放整齐

问题情景一

现场一对接接头采用 CO_2 气体保护半自动焊工艺焊接,焊后发现焊缝表面有很多密集的气孔,请问原因是什么?应采取什么措施防止?

提示 1　焊接时气体压力不足,或保护区气体遭到破坏,外部有空气侵入,可能保护气体流量太小或现场风很大。

提示 2　加强对焊接区域的保护,周围增加挡风罩,适当增大气体流量。

问题情景二

在用平敷焊焊接一条焊缝后,发现焊缝及附近母材表面有很多飞溅,请问原因是什么?应采取什么防止措施?

提示 1　焊枪角度有问题,焊接电流电压参数配合不当,焊丝和试板表面清理不干净。

提示 2　适当调整焊枪角度,选择合适的规范,电感量适中,注意做好焊丝和焊件表面的焊前清理工作。

5. 学习结果评价(表 2-2)

表 2-2　学习结果评价

序号	评价项目	评价标准	评分	得分
1	个人防护	帆布工作服、工作鞋、面罩、手套、防护眼镜等穿戴整齐、规范,无破损。漏做或未做,全扣	20	

表 2-2(续)

序号	评价项目	评价标准	评分	得分
2	焊前准备	配电箱完整、无漏电现象;焊接保护接地牢固;试板表面干净,露出金属光泽。每项 5 分	15	
3	焊接过程	焊接电流 200~240 A;顺利引弧并稳定燃烧;收弧处弧坑饱满。每项 5 分	15	
4	焊后检验	操作姿势正确;引弧方法正确;平敷焊焊缝波纹均匀;焊道起头圆滑、焊道接头平整、收弧无弧坑;焊缝平直;焊缝宽度一致,宽度差≤2 mm。每项 5 分	30	
5	安全文明生产	无安全隐患、无违章操作。否则不得分	20	

2.1.5 课后作业

1. 填写操作流程

回顾平敷焊操作过程,填写表 2-3。

表 2-3 操作流程要求

工作步骤	步骤简述	注意事项
工艺参数调节	使用直径________ mm 的药芯焊丝,电流为________ A,电压为________ V	焊接电流和电弧电压相匹配,其基本公式为________
引弧	CO_2 气体保护半自动焊引弧前应将导电嘴前伸出________部分焊丝(留下________ mm 左右)剪去,或把焊丝端头的________头去掉。引弧一般采用直接________。引弧前要求焊丝端头与焊件保持约________ mm 的距离。引弧点应在焊缝端头前的引弧板上或在离端头________ mm 处	引弧前剪去超长焊丝,主要采用________,且引弧时________抬起焊枪
接头	可采用三种连接方法: ①长弧预热起焊的________焊接 ②长弧预热起焊的________焊接 ③短弧起焊的________焊接	焊缝的连接处________,无局部________、________现象

表 2-3(续)

工作步骤	步骤简述	注意事项
收弧	松开焊枪开关,焊机停止__________,电弧熄灭,滞后 2~3 s 断气,操作结束。 关闭气源、预热器开关和控制电源开关,关闭总电源	拉下总__________开关,松开压丝手柄,去除__________的压力,最后将__________整理好

2. 技能训练

通过多次、反复的练习,掌握基本操作要领,直到能完成符合标准要求的焊缝。

3. 流程描述

将操作时的工作流程进行详细的梳理,结合 5S 管理要求,写在作业本上。

任务 2.2　CO_2 气体保护半自动焊的角接焊操作

2.2.1　核心概念

CO_2 气体保护半自动焊、T 型接头、平角焊、立角焊(图 2-10)

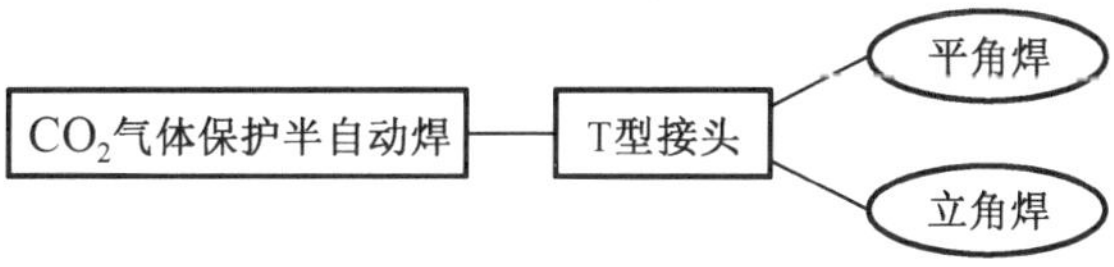

图 2-10　核心概念

2.2.2　学习目标

1. 能根据 CO_2 气体保护半自动焊的平角焊、立角焊焊接要求,正确选择工具和材料。

2. 能规范调试焊接设备,调节工艺参数。

3. 能规范完成 CO_2 气体保护半自动焊的平角焊、立角焊基本操作过程,包括单道焊、多层多道焊等。

4. 能检验焊接效果与质量,改进与完善焊接操作。

5. 能养成严谨细致、精益求精的工匠品格,以及良好的安全文明操作习惯。

2.2.3 基本知识

1. 平角焊

薄板平角焊焊枪角度,与垂直板成 45°,与水平板成 70°~80°(图 2-11)。

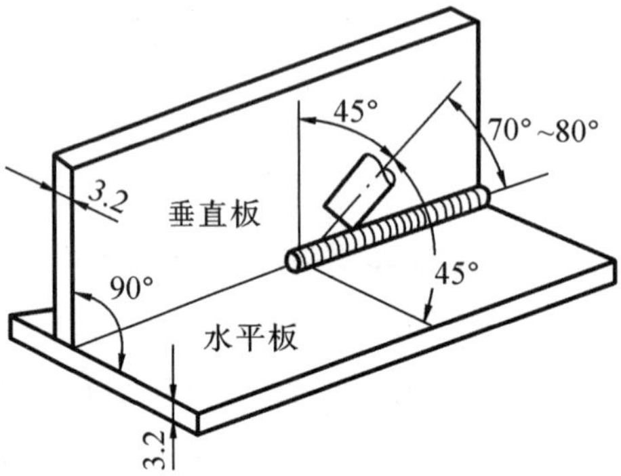

图 2-11 薄板平角焊焊枪角度

中厚板的焊接,当焊脚≤5 mm 时,焊枪与垂直板的夹角为 40°~50°(图 2-12),焊丝端头应对准焊缝中心。而焊脚>5 mm 时,焊枪与垂直板的夹角为 35°~45°,焊丝端头应偏移焊缝中心 1~2 mm(图 2-13),应略做直线或直线往复运条方式。

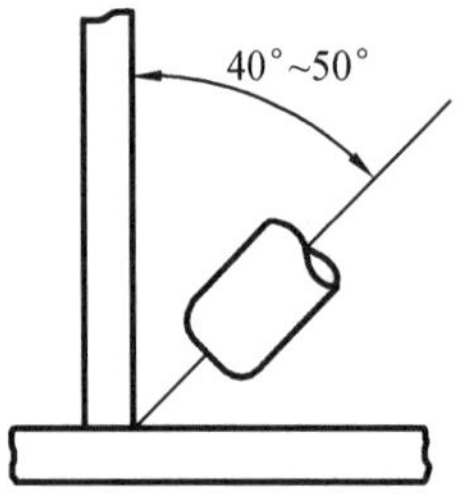

图 2-12 中厚板平角焊焊枪角度

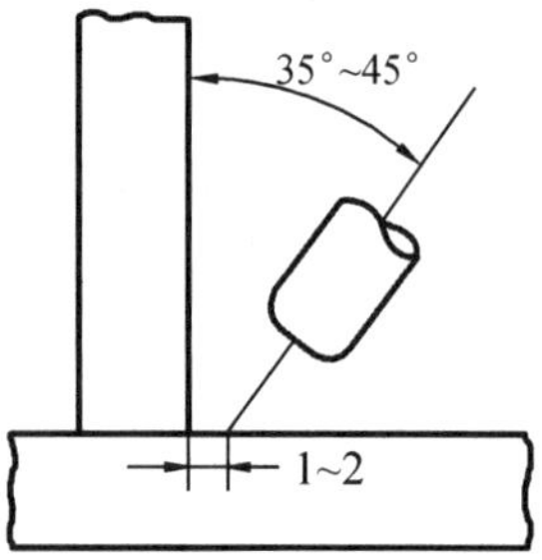

图 2-13 平角焊焊枪角度

单层平角焊,焊脚应小于 8 mm。焊脚大于 8 mm 时,必须采用多道焊,在焊接各道焊缝时,焊枪与垂直板的角度和焊丝端头对准位置分别如图 2-14、图 2-15 所示,焊接参数见表 2-4。

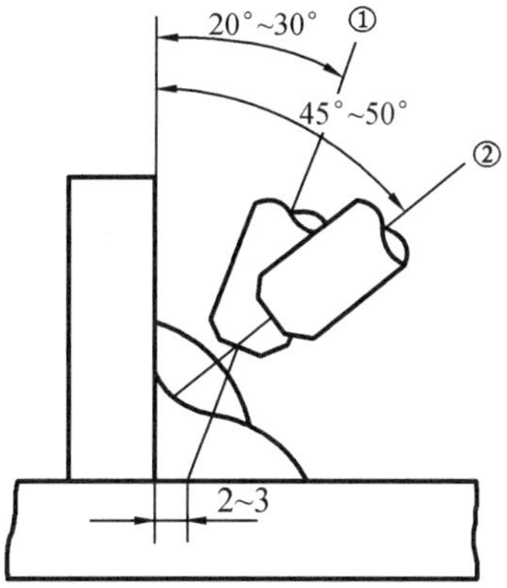

图 2-14　多道焊焊枪与垂直板角度

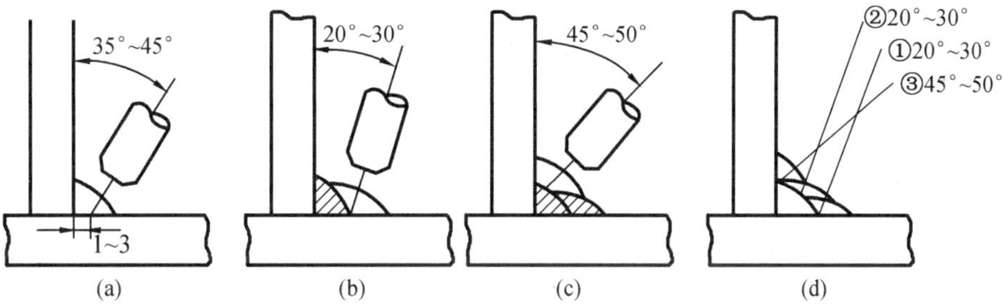

图 2-15　多道焊焊枪和焊丝位置

表 2-4　平角焊焊接参数

位置	端面形状	焊脚尺寸/mm	焊丝直径/mm	焊接电流/A	焊接电压/V	焊接速度/(cm/min)
平角焊	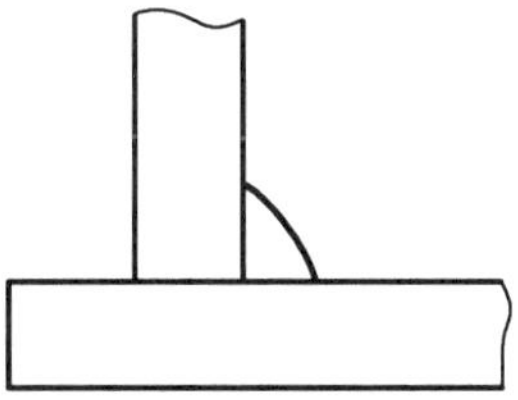	4~6	1.2	200~240	20~24	20~34
			1.4	220~280	24~30	24~36
	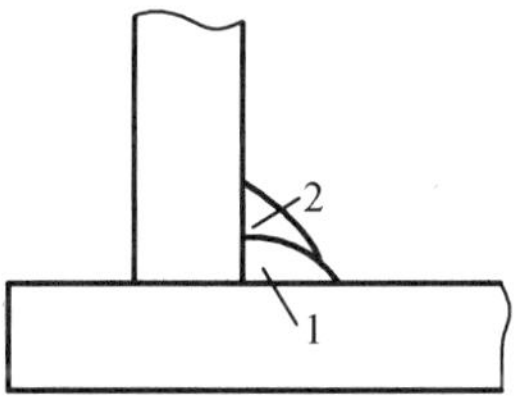	7~9	1.2	180~260	23~28	20~34
			1.4	200~300	26~34	24~36

表 2-4(续)

位置	端面形状	焊脚尺寸/mm	焊丝直径/mm	焊接电流/A	焊接电压/V	焊接速度/(cm/min)
平角焊	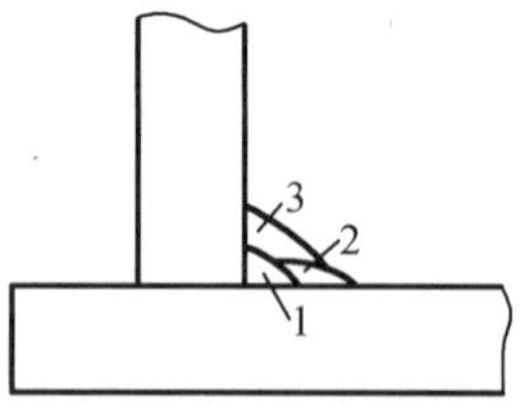	10~12	1.2	180~260	23~28	20~34
			1.4	200~300	26~34	24~36

2. 立角焊

立向上立角焊焊枪运动方向如图 2-16 所示。焊枪与焊件的夹角如图 2-17 所示,焊参数范见表 2-5。

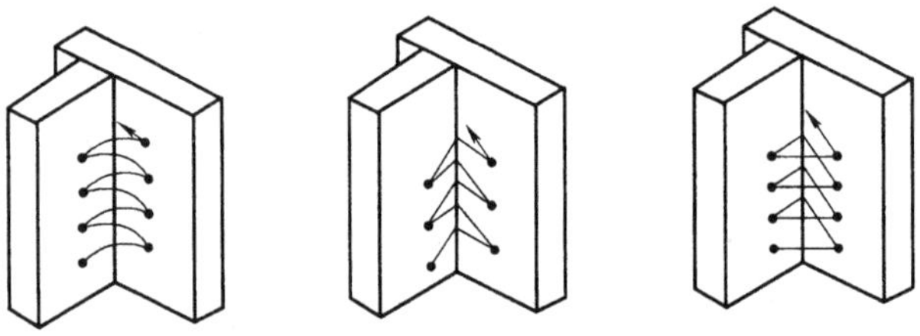

(a)焊脚5~6 mm　(b)焊脚7~10 mm　(c)焊脚8~12 mm

图 2-16　立向上立角焊焊枪运动方向

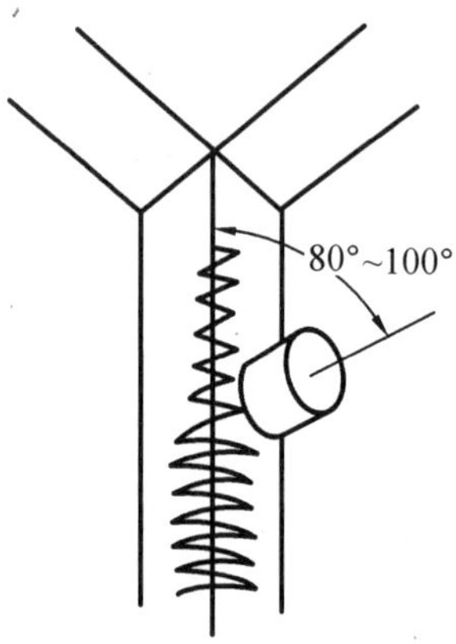

图 2-17　立向上立角焊焊枪与焊件夹角

表 2-5　立角焊焊接参数

位置	端面形状	焊脚尺寸/mm	焊丝直径/mm	焊接电流/A	焊接电压/V	焊接速度/(cm/min)
立角焊(向上焊)	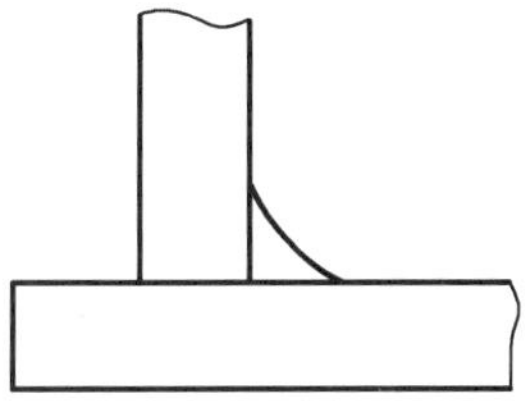	5~8	1.2	120~160	15~22	16~28
			1.4	180~220	22~28	18~32
	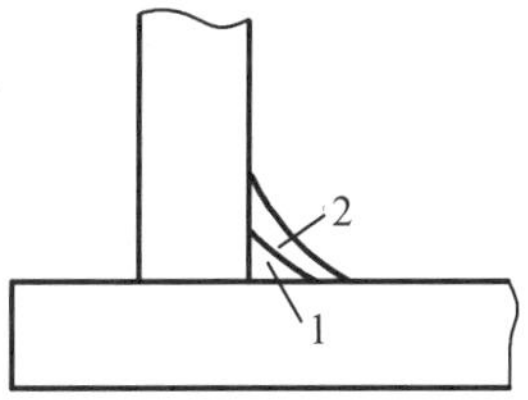	9~12	1.2	120~180	14~24	16~28
			1.4	180~240	20~30	18~32

3. CO_2 气体保护半自动焊接工艺参数的影响

CO_2 气体保护半自动焊时，主要焊接工艺参数有焊接电流、电弧电压、焊丝直径、焊接速度、CO_2 气体流量、焊丝干伸长度、电源极性和回路电感等。

(1)焊丝直径

CO_2 气体保护半自动焊时，常用焊丝直径有 0.8 mm、1.0 mm、1.2 mm 及 1.6 mm 等。焊丝直径一般根据工件厚度、施焊位置及生产效率等的要求来选择。

(2)焊接电流

焊接电流是 CO_2 气体保护半自动焊的重要工艺参数，所以应根据焊件的厚度、焊丝直径、施焊位置及所需的熔滴过渡形式等来选择，见表 2-6。

表 2-6　不同直径焊丝的焊接电流选择范围

焊丝直径/mm	0.8	1.0	1.2	1.6
短路过渡电弧电流/A	50~120	70~180	90~200	140~220

焊接电流对焊缝成形影响较大，当焊接电流增加时，熔深相应增加，熔宽略有增加。增大焊接电流可以增加焊丝熔化速度，提高效率。但焊接电流过大，会使飞溅增多，并容易产生焊穿及气孔等缺陷。反之，若焊接电流太小，电弧不稳定，容易产生未焊透、焊缝成形差等缺陷。

(3)电弧电压

电弧电压也是 CO_2 气体保护半自动焊的重要工艺参数,选择时必须和焊接电流匹配恰当。它是影响熔滴过渡、飞溅大小、短路频率和焊缝成形的重要因素。在一般情况下,当电弧电压增加时,焊缝宽度相应增加,而焊缝的熔深和余高则减小。所以 CO_2 气体保护半自动焊时,要获得稳定的焊接过程和良好的焊缝成形,理论上电弧电压和焊接电流之间的匹配可按下列公式计算:

$$U(\text{电弧电压})=14+0.05I(\text{焊接电流})$$

(4)焊接速度

焊接速度对焊缝成形也有一定的影响。在一定的焊丝直径、焊接电流和电弧电压条件下,熔宽和熔深随焊接速度的增加而减小。当焊接速度过快时,容易产生咬边和未熔合等缺陷,同时由于气体保护效果变差,可能出现气孔;焊接速度过慢时,生产效率降低,焊接变形增大,且容易焊穿,使接头晶粒粗大,成形变差。CO_2 气体保护半自动焊时应根据不同的焊接位置,选用合适的焊接速度。

(5)焊丝干伸长度

通常焊丝干伸长度取决于焊丝直径,为焊丝直径的 12~15 倍。如果干伸长度过大,焊丝容易因为过热而成段熔断,飞溅变大,气体保护效果变差,焊接过程不稳定;干伸长度过小,会造成金属飞溅堵塞喷嘴,影响气体保护效果,还会影响焊工的视线。

(6) CO_2 气体流量

CO_2 气体流量应根据焊接电流、焊接速度、焊丝干伸长度及喷嘴直径等来选择。在正常环境中焊接时,CO_2 气体流量为 10~15 L/min;在一定风速的环境中焊接时,CO_2 气体流量可选择为 20~25 L/min;当在风速大于 2 m/s 的环境中焊接时,应选用防风罩或停止焊接。

(7)电源极性

为了减少飞溅,保持电弧的稳定,一般采用直流反接。

(8)焊接回路电感

在焊接回路中串入电感用来调节短路电流和电弧燃烧的时间,以控制熔深和减少飞溅。

2.2.4 能力训练

1. 任务描述

CO_2 气体保护半自动焊的角接焊操作的主要工作任务是在两块钢板组成的 T 型接头上采用 CO_2 气体保护半自动焊完成宽度均匀、成形美观的平角或立角焊缝;主要操作过程是在 T 型接头上根据平角焊或立角焊的位置要求,引燃电弧后移动焊枪形成符合要求的角焊缝,要求角焊缝的焊脚尺寸符合要求,成形美观,焊缝表面及内部无裂纹、气孔等缺陷。那么作为一名焊接人员，如何顺利完成 CO_2 气体保护半自动焊平角焊和立角焊的操作呢？

2. 操作条件

（1）焊接电源一般采用额定电流 500 A 的平特性直流焊接电源（CL500），焊枪可采用 350 型的鹅颈式焊枪，送丝机构配有 ϕ1.0 mm/ϕ1.2 mm 或 ϕ1.2 mm/ϕ1.4 mm 送丝轮，CO_2 气瓶的气体纯度≥99.5%。

（2）试板采用低碳钢（Q235A），尺寸为 300 mm×100 mm×12 mm，每种位置各两块试板，装配成 T 型接头。

（3）焊丝采用 E501T-1（GFL-71），直径为 1.2 mm，电流为 200～240 A，焊接电压为 20～24 V，要求完成焊脚高度 K=12 mm。

（4）采用砂轮机将试板表面的油漆或铁锈等污物清除，直至露出金属光泽。

（5）装配完毕应矫正焊件，保证立板与平板间的垂直度，在焊件两端对称进行定位焊，定位焊缝长度为 10～15 mm，如图 2-18 所示。

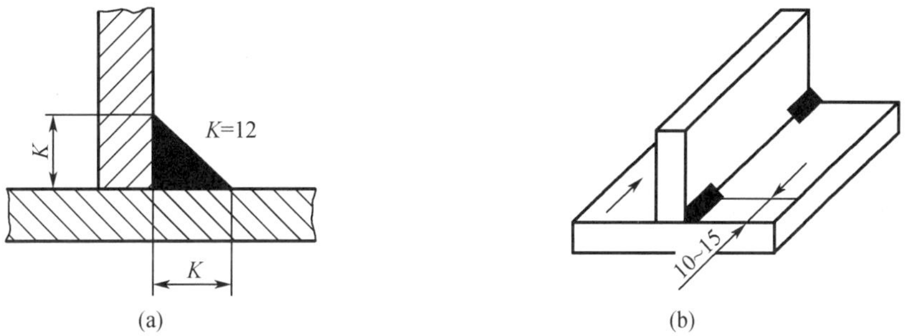

图 2-18 装配定位焊

3. 安全注意事项

（1）正确使用焊接防护用品，身体不要直接接触焊件，换焊丝时要戴好焊工手套。

（2）确保工作场所无可燃物，做到有效通风，照明良好。

（3）焊机电源外壳必须有良好的接地或接零，焊枪绝缘手柄必须完整无缺。

（4）焊接时严格遵守电焊作业“十不烧”要求。

（5）检查焊接设备（焊接电源、送丝机构、流量器等）运行是否正常；送丝机构、送丝轮凹槽直径是否与所使用的焊丝直径匹配；电磁气阀是否动作，不允许有直风现象；压紧调节杆应根据所使用的焊丝直径调节到相应的位置，确保送丝稳定。

（6）焊接时要注意对熔池的观察，熔池的亮度及形状变化反映熔池的温度变化，熔池的大小反映焊缝的宽窄；注意对熔渣和熔化金属的分辨。

（7）喷嘴必须经常清理，导电嘴亦须经常更换。在焊接过程中要避免焊枪软管过度弯曲。

(8)由于风对气体的保护效果危害较大,室外焊接施工时在风速超过 2 m/s 环境下,应采取相应的防风措施。

(9)焊缝的引弧和连接处平滑,无局部过高、过宽现象,收弧处无缺陷。

(10)焊波均匀,无明显焊缝缺陷。

(11)焊后焊件非焊接区域无引弧痕迹。

(11)焊接结束切断电源,工具放回指定位置,清扫工作场所,做到工完料清。

4. 操作过程

(1)平角焊操作过程(表 2-7)

表 2-7　平角焊操作过程

序号	步骤	操作方法及说明	质量标准
1	劳防用品检查	帆布工作服、工作鞋、面罩、手套、防护眼镜等穿戴整齐	工作服、工作鞋等防护用品穿戴规范,无破损或遗漏
2	焊接设备、工具检查	检查接地线是否牢固,焊接电缆线、焊枪是否有破损	接地线牢固,电缆、焊枪表面无破损
3	试件清理	使用角向砂轮机将待焊处一定范围内的油漆、锈、水分等杂质清理干净	试件表面清洁、干燥、露出金属光泽
4	平角焊焊接参数调节	使用直径 1.2 mm 的药芯焊丝,电流为 180~260 A,电压为 18~28 V	电流、电压偏差不超过 10%
5	平角焊第一层焊接	采用左焊法,焊丝一层一道。焊丝与水平板夹角为 35°~45°,焊枪倾角为 10°~20°	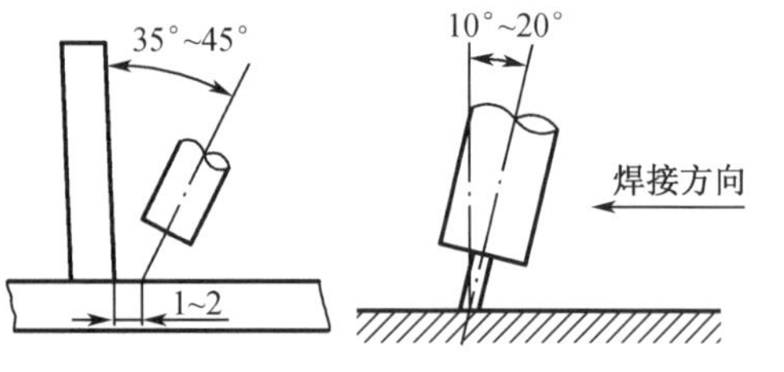

表 2-7(续)

序号	步骤	操作方法及说明	质量标准
6	平角焊第二层焊接	T 型接头平角焊采用斜圆圈形运条法	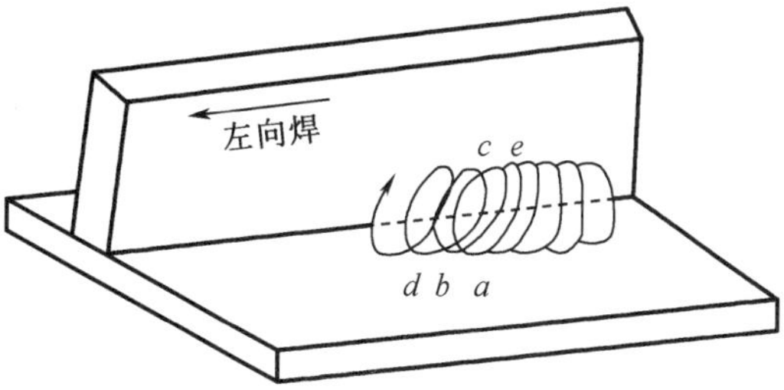
7	试件清理	用敲渣锤、凿子、钢丝刷等工具将平角焊焊缝表面的焊渣及飞溅清理干净	焊缝周围无飞溅、熔渣、焊接烟尘和引弧痕迹
8	焊后检验	使用手电筒、放大镜、焊接检验尺对平角焊焊缝进行外观检查	焊缝表面无缺陷,焊缝尺寸及其偏差在要求范围内
9	焊后安全检查	关闭电源、检查火灾隐患、打扫场地	场地打扫干净、工具设备摆放整齐

(2)立角焊操作过程(表 2-8)

表 2-8　立角焊操作过程

序号	步骤	操作方法及说明	质量标准
1	劳防用品检查	帆布工作服、工作鞋、面罩、手套、防护眼镜等穿戴整齐	工作服、工作鞋等防护用品穿戴规范,无破损或遗漏
2	焊接设备、工具检查	检查接地线是否牢固,焊接电缆线、焊枪是否有破损	接地线牢固,电缆、焊枪表面无破损
3	试件清理	使用角向砂轮机,将待焊处一定范围内的油漆、锈、水分等杂质清理干净	试件表面清洁、干燥、露出金属光泽
4	立角焊焊接参数调节	使用直径 1. 2 mm 的药芯焊丝,电流为 120~180 A,电压为 14~24 V	电流、电压偏差不超过 10%

表 2-8(续)

序号	步骤	操作方法及说明	质量标准
5	立角焊操作	采用二层二道焊,操作方式基本与焊条电弧焊立角焊相似。根据焊脚尺寸大小,焊枪可做左右摆动	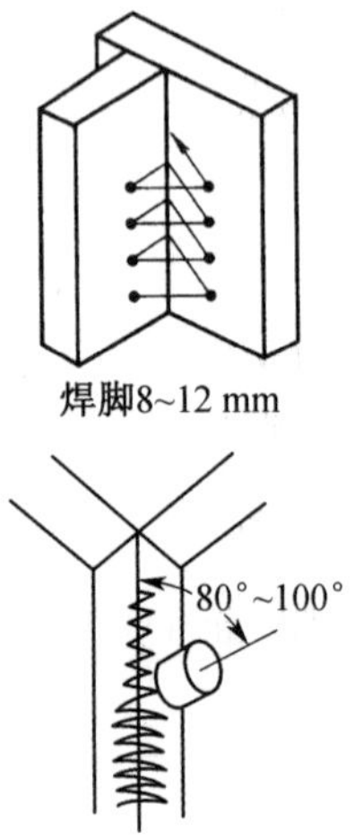
6	试件清理	用敲渣锤、凿子、钢丝刷等工具将焊缝表面的焊渣及飞溅清理干净	焊缝周围无飞溅、熔渣、焊接烟尘和引弧痕迹
7	焊后检验	使用手电筒、放大镜、焊接检验尺对立角焊焊缝进行外观检查	焊缝表面无缺陷,焊缝尺寸及其偏差在要求范围内
8	焊后安全检查	关闭电源、检查火灾隐患、打扫场地	场地打扫干净、工具设备摆放整齐

问题情景一

15 mm 与 30 mm 的两块板组成 T 型接头需 CO_2 气体保护半自动平角焊,应采取什么措施确保平角焊质量?

提示　对于不等厚 T 型接头平角焊,应使焊丝的倾角尽量偏向厚板侧,焊丝与水平的夹角比等厚度焊接时更大一些,尽量使两块板都受热均匀。

问题情景二

现场有一 K 形坡口需进行 CO_2 气体保护半自动立角焊,如何确保焊接质量?

提示 1　先焊接一侧坡口根部,待该侧 K 形坡口内部焊接基本结束后,再清理 K 形坡口根部(碳弧气刨或打磨),然后焊坡口内部。

提示 2　两侧坡口可交替进行焊接,以控制焊接变形。

5. 学习结果评价(表 2-9)

表 2-9　学习结果评价

序号	评价项目	评价标准	评分	得分
1	个人防护	帆布工作服、工作鞋、面罩、手套、防护眼镜等穿戴整齐、规范,无破损。漏做或未做,全扣	20	
2	焊前准备	配电箱完整、无漏电现象;焊接保护接地牢固;试板表面干净,露出金属光泽。每项 5 分	15	
3	焊接过程	焊接电流、电压符合要求;顺利引弧并稳定燃烧;收弧处弧坑饱满。每项 5 分	15	
4	焊后检验	焊缝凸度 $h \leqslant 3$ mm,凸度差 $\leqslant 1$ mm;宽度差 $\leqslant 2$ mm;咬边 $\leqslant 2$ mm,长度 $\leqslant 30$ mm;焊脚偏差 $\leqslant \pm 1$ mm;T 型接头角变形 $\leqslant 3°$;外观无气孔、裂纹、夹渣等缺陷。每项 5 分	30	
5	安全文明生产	无安全隐患、无违章操作。否则不得分	20	

2.2.5　课后作业

1. 填写操作流程

回顾平角焊和立角焊操作过程,填写表 2-10。

表 2-10　操作流程要求

工作步骤	步骤简述	注意事项
平角焊参数调节	使用直径________ mm 的药芯焊丝,电流为________ A,电压为________ V	焊接时要注意对________的观察,熔池的________反映熔池的________,熔池的________反映焊缝的________;注意对熔渣和熔化金属的分辨

表 2-10(续)

工作步骤	步骤简述	注意事项
平角焊操作	采用________焊法,盖面层________道。焊丝与水平板夹角为________,焊枪倾角为________	T 型接头平角焊采用________形运条法
立角焊参数调节	使用直径________mm 的药芯焊丝,电流为________A,电压为________V	焊接电流对________影响较大,当焊接电流________时,熔深相应________,熔宽略有________
立角焊操作	采用________层________道焊,操作方式基本与焊条电弧焊________相似	根据焊脚________大小,焊枪可做左右________

2. 技能训练

通过多次、反复的练习,掌握基本操作要领,直到能完成符合标准要求的 CO_2 气体保护半自动平角焊、立角焊焊缝。

3. 流程描述

将操作时的工作流程进行详细的梳理,结合 5S 管理要求,写在作业本上。

任务 2.3　CO_2 气体保护半自动焊的对接焊操作

2.3.1　核心概念

CO_2 气体保护半自动焊、对接接头、横对接、立对接(图 2-19)

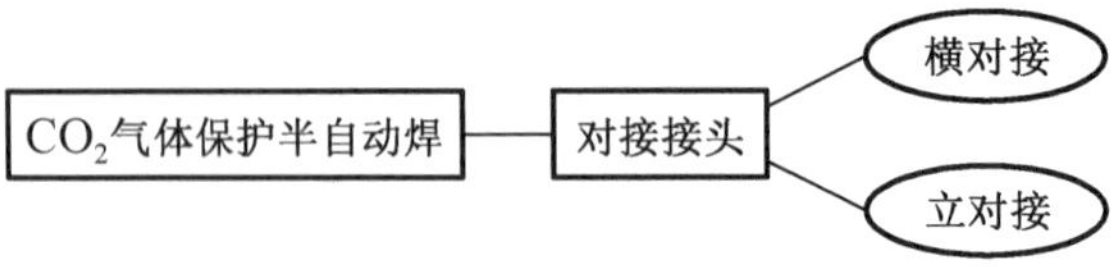

图 2-19　核心概念

2.3.2 学习目标

1. 能根据 CO_2 气体保护半自动焊的横对接、立对接焊焊接要求，正确选择工具和材料。

2. 能规范调试焊接设备，调节工艺参数。

3. 能规范完成 CO_2 气体保护半自动焊的横对接、立对接基本操作过程，包括单道焊、多层多道焊等。

4. 能检验焊接效果与质量，改进与完善焊接操作。

5. 能养成严谨细致、精益求精的工匠品格，以及良好的安全文明操作习惯。

2.3.3 基本知识

1. 横对接焊

板 CO_2 气体保护半自动焊横对接焊时，坡口下侧金属对熔池有支撑作用，且焊缝成平直位置，因此操作较容易。但因熔池在垂直面上，受重力影响，极易产生下坠。当熔池体积较大、温度较高、凝固速度较慢时，就会产生液态金属下坠现象。为防止焊接缺陷的产生，焊接过程中应保持较小的熔池和较小的焊接熔孔尺寸。

横对接焊可采用左焊法或右焊法。焊枪运动方法如图 2-20 所示。焊枪与焊件的夹角如图 2-21 所示。在第一层焊时焊枪向下倾斜 0°～10°，如图 2-21(a)所示；第二层以后的各层焊枪夹角如图 2-21(b)(c)所示；各层焊道的排列如图 2-21(d)所示。多层焊最后一层盖面焊前的焊缝离焊件表面 2～3 mm，如图 2-22 所示。盖面焊的焊枪与焊件夹角如图 2-23 所示。

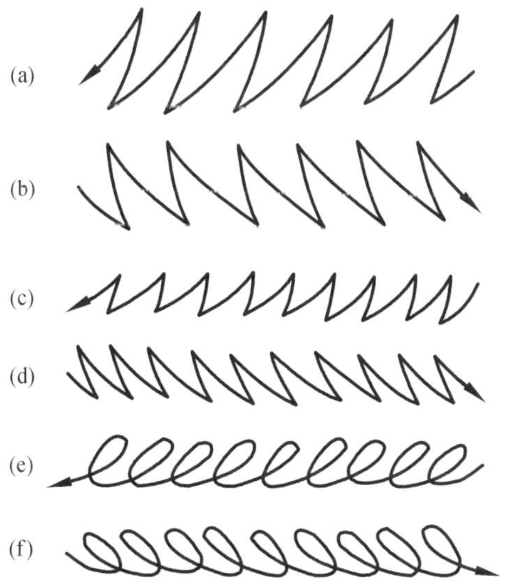

图 2-20 横对接焊枪运动方法

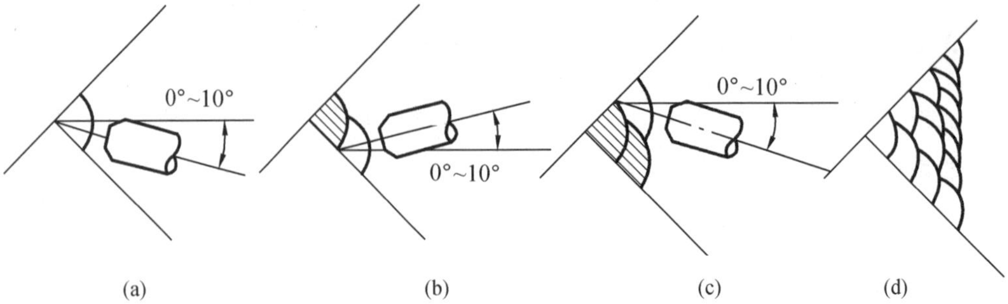

图 2-21　横对接焊枪与焊件的夹角

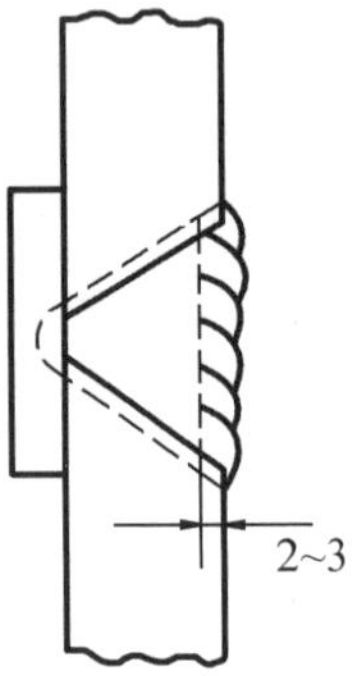

图 2-22　盖面焊前的焊缝离焊件表面距离

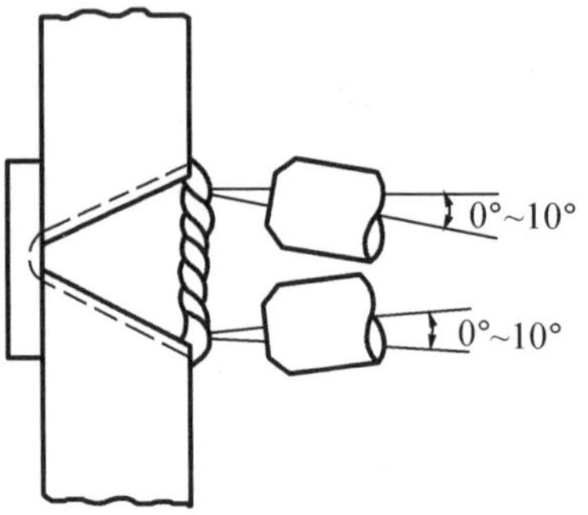

图 2-23　盖面焊时焊枪与焊件夹角

2. 立对接焊

板 CO_2 气体保护半自动焊立对接焊时，熔池下部焊道对熔池起到依托作用，采用细焊丝焊接、短路过渡形式，有利于实现单面焊双面成形，但焊接电流不宜过大，否则会产生液态金属下坠，使焊缝正面和背面出现焊瘤。焊枪的摆动频率应稍快，焊后焊缝要薄且均匀。

立向上对接焊时，焊枪与焊件的夹角如图 2-24 所示。焊枪运动方法如图 2-25 所示。其中图 2-25(a)(b)用于第二层以后的多层焊。横向摆动时要稍作停留，中央部位要加快移动。多层焊时，焊枪的角度如图 2-26 所示。

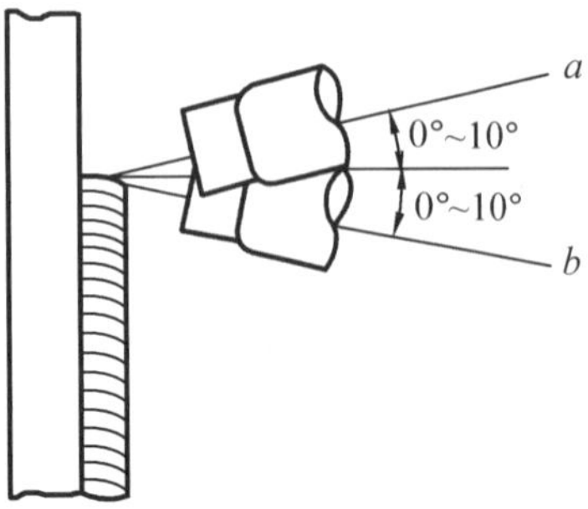

图 2-24　立对接焊焊枪与焊件的夹角

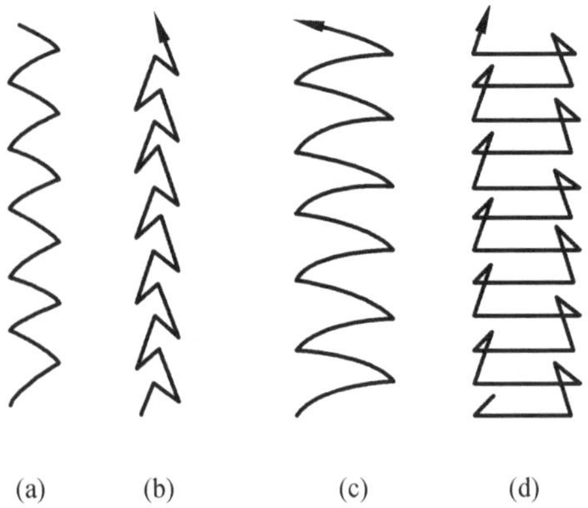

图 2-25　立对接焊焊枪运动方法

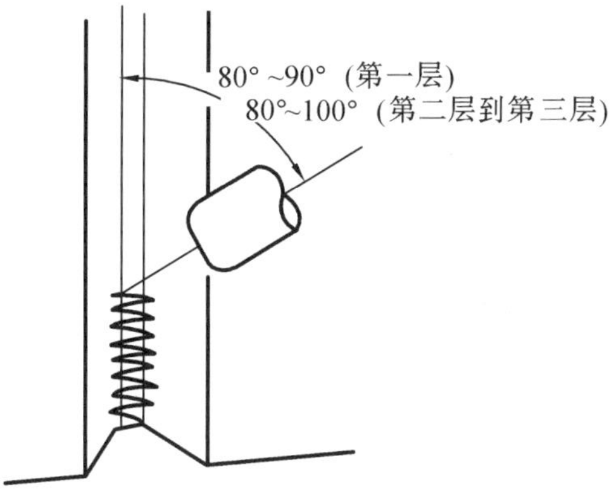

图 2-26　立对接多层多道焊焊枪角度

2.3.4　能力训练

1. 任务描述

CO_2 气体保护半自动焊的横对接、立对接操作的主要工作任务是在两块钢板组成的对接上采用 CO_2 气体保护半自动焊完成宽度均匀、成形美观的横对接、立对接焊缝；主要操作过程是在对接接头上根据横对接、立对接的位置要求，引燃电弧后移动焊枪形成符合要求的对接焊缝，对接焊缝尺寸符合要求，成形美观，焊缝表面及内部无裂纹、气孔等缺陷。那么作为一名焊接人员，如何顺利完成 CO_2 气体保护半自动焊横对接和立对接的操作呢？

2. 操作条件

（1）焊接电源一般采用额定电流 500 A 的平特性直流焊接电源（CL500），焊枪可采用 350 型的鹅颈式焊枪，送丝机构配有 ϕ1.0 mm/ϕ1.2 mm 或 ϕ1.2 mm/ϕ1.4 mm 送丝轮，CO_2 气瓶的气体纯度≥99.5%。

（2）试板采用低碳钢（Q235A），尺寸为 300 mm×100 mm×12 mm，每种位置各两块试板，分别装配成横对接和立对接形接头，坡口角度为 60°，间隙为 2.5~3.5 mm。

（3）焊丝采用 E501T-1（GFL-71），直径为 1.2 mm，电流为 200~240 A，焊接电压为 20~24 V，焊缝宽度为 18~20 mm，焊缝高度为 3~4 mm。

（4）采用砂轮机将试板表面的油漆或铁锈等污物清除，直至露出金属光泽。

（5）装配完毕应矫正焊件，保证立板与平板间的垂直度，在焊件两端对称进行定位焊，定位焊缝长度为 10~15 mm。为了控制变形，预设反变形 5°~6°。

3. 安全注意事项

（1）正确使用焊接防护用品，身体不要直接接触焊件，换焊丝时要戴好焊工手套。

（2）确保工作场所无可燃物，做到有效通风，照明良好。

(3)焊机电源外壳必须有良好的接地或接零,焊枪绝缘手柄必须完整无缺。

(4)焊接时严格遵守电焊作业"十不烧"要求。

(5)检查焊接设备(焊接电源、送丝机构、流量器等)运行是否正常;送丝机构、送丝轮凹槽直径是否与所使用的焊丝直径匹配;电磁气阀是否动作,不允许有直风现象;压紧调节杆应根据所使用的焊丝直径调节到相应的位置,确保送丝稳定。

(6)焊接时要注意对熔池的观察,熔池的亮度反映熔池的温度,熔池的大小反映焊缝的宽窄;注意对熔渣和熔化金属的分辨。

(7)喷嘴必须经常清理,导电嘴亦须经常更换。在焊接过程中要避免焊枪软管过度弯曲。

(8)由于风对气体的保护效果危害较大,室外焊接施工时在风速超过 2 m/s 环境下,应采取相应的防风措施。

(9)焊缝的引弧和连接处平滑,无局部过高、过宽现象,收弧处无缺陷。

(10)焊波均匀,无明显焊缝缺陷。

(11)焊后焊件非焊接区域无引弧痕迹。

(12)焊接结束切断电源,工具放回指定位置,清扫工作场所,做到工完料清。

4. 操作过程

(1)横对接焊操作过程(表 2-11)

表 2-11　横对接焊操作过程

序号	步骤	操作方法及说明	质量标准
1	劳防用品检查	帆布工作服、工作鞋、面罩、手套、防护眼镜等穿戴整齐	工作服、工作鞋等防护用品穿戴规范,无破损或遗漏
2	焊接设备、工具检查	检查接地线是否牢固,焊接电缆线、焊枪是否有破损	接地线牢固,电缆、焊枪表面无破损
3	试件清理	使用角向砂轮机将待焊处一定范围内的油漆、锈、水分等杂质清理干净	试件表面清洁、干燥、露出金属光泽

表 2-11(续 1)

序号	步骤	操作方法及说明	质量标准
4	焊接参数调节	使用直径 1.2 mm 的药芯焊丝,打底层 $I=180\sim200$ A,$U=22\sim24$ V 填充层 $I=200\sim260$ A,$U=24\sim30$ V 盖面层 $I=180\sim220$ A,$U=22\sim36$ V	电流、电压偏差不超过 10%
5	打底层焊接	将焊件呈横向水平位置固定,间隙小的一端为始焊端放在右侧,采用左焊法,调整焊枪与焊件之间的角度。 焊接过程中要始终观察熔池和熔孔,并保持熔孔边缘超过坡口上下棱边 0.5~1 mm	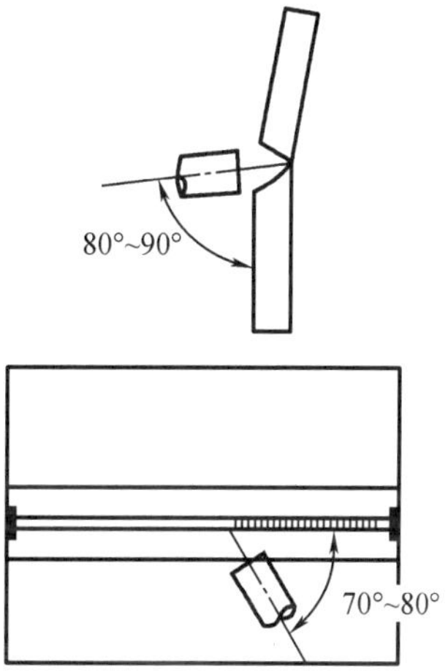
6	填充层焊接	若焊接过程中电弧中断,应将接头处焊道用角磨机打磨成斜坡状,按右图的焊枪角度进行填充焊道②与③的焊接。 整个填充焊层焊缝厚度应低于母材 1.5~2 mm,且不得熔化坡口两侧的棱边	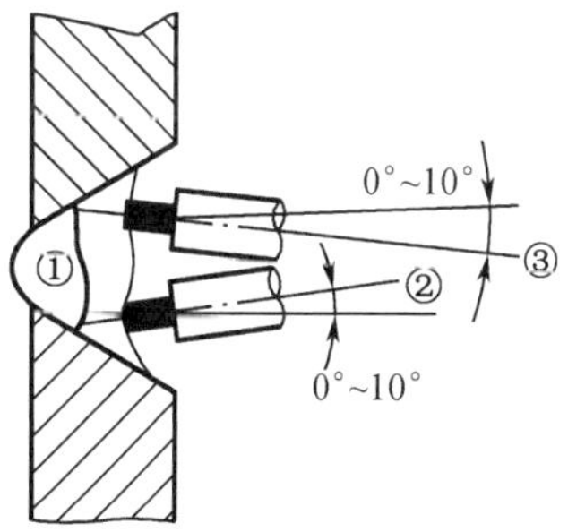

表 2-11(续 2)

序号	步骤	操作方法及说明	质量标准
7	盖面层焊接	盖面层焊枪角度见右图。 盖面层焊前先将填充层的飞溅清理干净、凸起不平处修平	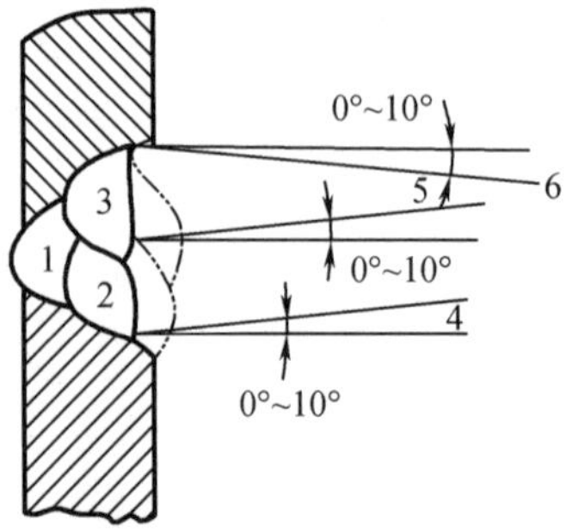
8	试件清理	用敲渣锤、凿子、钢丝刷等工具将横对接焊缝表面的焊渣及飞溅清理干净	焊缝周围无飞溅、熔渣、焊接烟尘和引弧痕迹
9	焊后检验	使用手电筒、放大镜、焊接检验尺对横对接焊缝进行外观检查	焊缝表面无缺陷,焊缝尺寸及其偏差在要求范围内
10	焊后安全检查	关闭电源、检查火灾隐患、打扫场地	场地打扫干净、工具设备摆放整齐

(2)立对接焊操作过程(表 2-12)

表 2-12　立对接焊操作过程

序号	步骤	操作方法及说明	质量标准
1	劳防用品检查	帆布工作服、工作鞋、面罩、手套、防护眼镜等穿戴整齐	工作服、工作鞋等防护用品穿戴规范,无破损或遗漏
2	焊接设备、工具检查	检查接地线是否牢固,焊接电缆线、焊枪是否有破损	接地线牢固,电缆、焊枪表面无破损
3	试件清理	使用角向砂轮机将待焊处一定范围内的油漆、锈、水分等杂质清理干净	试件表面清洁、干燥、露出金属光泽

表 2-12(续 1)

序号	步骤	操作方法及说明	质量标准
4	立对接焊接参数调节	使用直径 1. 2 mm 的药芯焊丝,打底层 I=90~110 A, U=18~20 V 填充层 I=130~150 A,U=20~22 V 盖面层 I=130~150 A,U=20~22 V	电流、电压偏差不超过 10%
5	立对接打底层焊接	采用断弧焊接,在打底焊的过程中,焊枪做小反月牙形摆动,焊丝端部始终不离开熔池的上边缘,保持在钝边每侧熔化 0. 5~1 mm	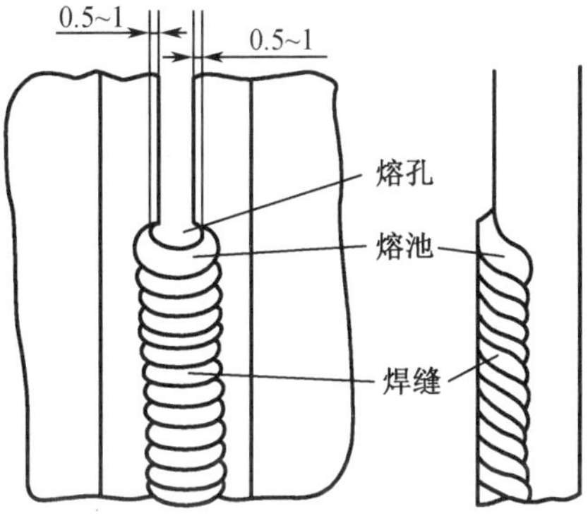
6	立对接填充层焊接	焊接时,采用向上弯曲月牙形横向摆动运丝法。如果要求有较大的熔宽,采用月牙形摆动。 用角磨机将局部凸起的焊道磨平	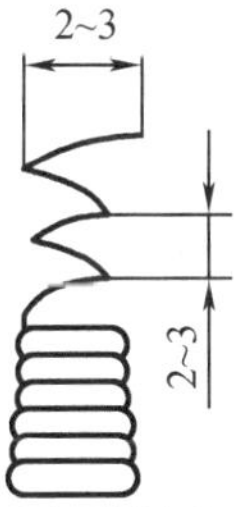 (a) 小幅度摆动 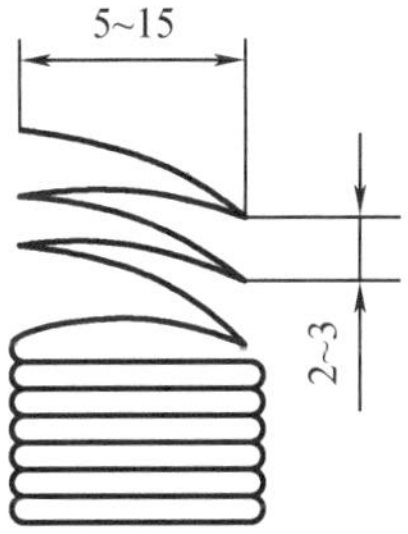 (b) 反月牙形摆动 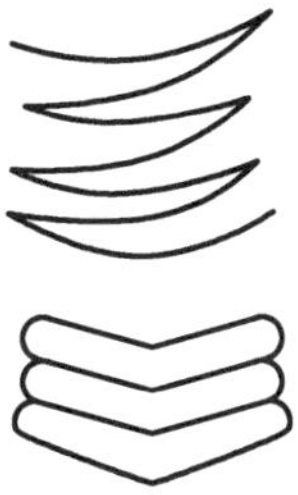 (c) 不推荐的月牙形摆动

表 2-12(续 2)

序号	步骤	操作方法及说明	质量标准
7	立对接盖面层焊接	盖面层的焊接也可采用正三角形摆动向上立焊运条法	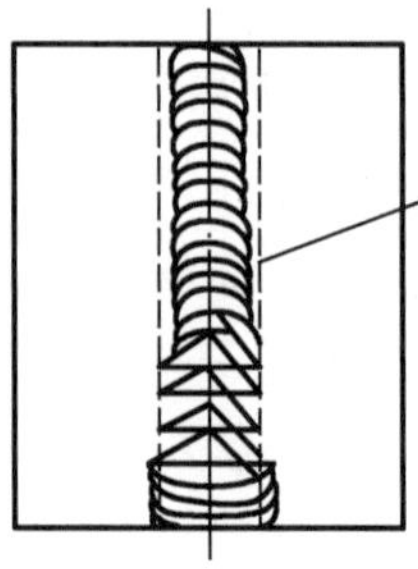
8	试件清理	用敲渣锤、凿子、钢丝刷等工具将立对接焊缝表面的焊渣及飞溅清理干净	焊缝周围无飞溅、熔渣、焊接烟尘和引弧痕迹
9	焊后检验	使用手电筒、放大镜、焊接检验尺对立对接焊缝进行外观检查	焊缝表面无缺陷,焊缝尺寸及其偏差在要求范围内
10	焊后安全检查	关闭电源、检查火灾隐患、打扫场地	场地打扫干净、工具设备摆放整齐

问题情景一

CO_2 气体保护半自动焊横对接试板装配时间隙过小,只有 0~1 mm,如何保证横对接的接头质量?

提示 1　间隙太小很难单面焊双面成形,可先焊接坡口面,根部采用碳弧气刨或打磨清根,再焊背面,采用双面焊。

提示 2　为控制变形,坡口面可先不焊满(可先焊约 2/3 厚度),留出一定厚度,焊好背面焊缝后,再将坡口面填满。

问题情景二

某集装箱船上舱口围大接头中有一处 50 m 厚板需进行 CO_2 气体保护半自动焊立对接焊,如何确保焊接质量?

提示 1　可以开 X 形坡口,一侧焊完打底层和填充层后,再焊另一侧,最后焊原来一侧盖面焊。

提示 2　中间根部应采用碳弧气刨或打磨彻底清理焊渣等杂质，在多层多道焊过程中，认真清理上一道焊缝的焊渣等杂质。

5. 学习结果评价（表 2-13）

表 2-13　学习结果评价

序号	评价项目	评价标准	评分	得分
1	个人防护	帆布工作服、工作鞋、面罩、手套、防护眼镜等穿戴整齐、规范，无破损。漏做或未做，全扣	20	
2	焊前准备	配电箱完整、无漏电现象；焊接保护接地牢固；试板表面干净露出金属光泽。每项 5 分	15	
3	焊接过程	焊接电流、电压符合要求；顺利引弧并稳定燃烧；收弧处弧坑饱满。每项 5 分	15	
4	焊后检验	焊缝余高 ≤ 3 mm，高度差 ≤ 1 mm；焊缝坡口增宽 ≤ 1 mm，宽度差 ≤ 2 mm；咬边 ≤ 2 mm，长度 ≤ 30 mm；角变形 ≤ 3°；外观无气孔、裂纹、夹渣等缺陷。每项 5 分	30	
5	安全文明生产	无安全隐患、无违章操作。否则不得分	20	

2.3.5　课后作业

1. 填写操作流程

回顾 CO_2 气体保护半自动焊横对接和立对接的操作过程，填写表 2-14。

表 2-14　操作流程要求

工作步骤	步骤简述	注意事项
横对接焊工艺参数调节	使用直径__________ mm 的药芯焊丝，打底层 I=__________ A，U=__________ V 填充层 I=__________ A，U=__________ V 盖面层 I=__________ A，U=__________ V	横对接因熔池在垂直面上，受__________影响，极易产生__________。当熔池体积较大、温度较高、凝固速度较__________时，就会产生液态金属__________现象

表 2-14(续)

工作步骤	步骤简述	注意事项
横对接焊操作	将焊件成__________位置固定,间__________的一端为始焊端放在右侧,采用__________,调整焊枪与焊件之间的角度。 焊接过程中要始终观察__________和熔孔,并保持熔孔边缘超过坡口上下棱边__________ mm。 若焊接过程中电弧__________,应将接头处焊道用角磨机打磨成__________状。 整个填充焊层焊缝厚度应低于母材______ mm,且不得熔化坡口两侧的棱边	为防止焊接缺陷的产生,焊接过程中应保持__________的熔池和__________的焊接熔孔尺寸
立对接焊工艺参数调节	使用直径__________ mm 的药芯焊丝,打底层 I=__________ A,U=__________ V 填充层 I=__________ A,U=__________ V 盖面层 I=__________ A,U=__________ V	焊接电流不宜__________,否则会产生液态金属__________,使焊缝正面和背面出现__________
立对接焊操作	在打底焊的过程中,焊枪做__________形摆动,焊丝端部始终不离开熔池的__________边缘,保持在钝边每侧熔化__________ mm。 填充层焊接时,采用向上弯曲__________形横向摆动运丝法。如果要求有较大的__________时,采用__________摆动。 盖面层的焊接也可采用__________摆动向上立焊运条法	用角磨机将局部__________的焊道磨平。 焊枪的摆动频率应__________,焊后焊缝要薄且__________

2. 技能训练

通过多次、反复的练习,掌握基本操作要领,直到能完成符合标准要求的 CO_2 气体保护半自动焊横对接、立对接焊缝。

3. 流程描述

将操作时的工作流程进行详细的梳理,结合 5S 管理要求,写在作业本上。

任务 2.4　CO_2 气体保护半自动焊的陶质衬垫单面焊对接操作

2.4.1　核心概念

CO_2 气体保护半自动焊，陶质衬垫单面焊平对接、横对接、立对接（图 2-27）

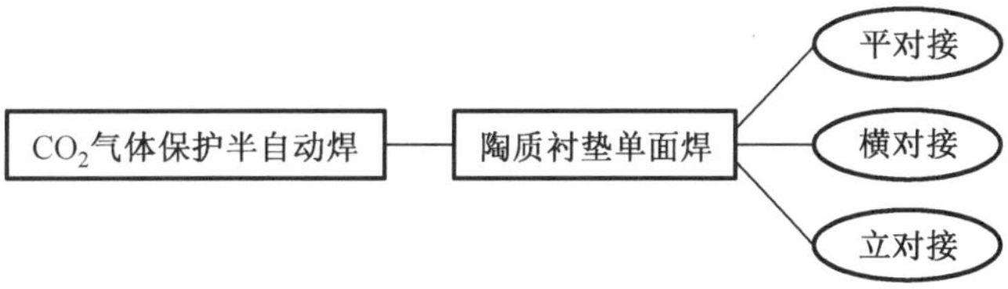

图 2-27　核心概念

2.4.2　学习目标

1. 能根据 CO_2 气体保护半自动焊陶质衬垫单面焊的平对接、横对接、立对接焊焊接要求，正确选择工具和材料。

2. 能规范调试焊接设备，调节工艺参数。

3. 能规范完成 CO_2 气体保护半自动焊陶质衬垫单面焊的平对接、横对接、立对接的基本操作过程，包括单道焊、多层多道焊等。

4. 能检验焊接效果与质量，改进与完善焊接操作。

5. 能养成严谨细致、精益求精的工匠品格，以及良好的安全文明操作习惯。

2.4.3　基本知识

1. 工艺概况

CO_2 气体保护半自动焊陶质衬垫单面焊技术（简称 CO_2 单面焊）是一种采用砖式陶质衬垫块作为对接焊缝单面焊双面成形的衬垫，并配以 CO_2 气体保护半自动焊进行全位置焊的焊接方法。CO_2 单面焊工艺具有以下特点：

（1）焊接效率比焊条电弧焊提高 3~5 倍，且工艺简单，衬垫安装方便可靠。

(2)曲面分段拼板对接、分段中合拢对接焊后,可减少其翻身工作量,并节省分段堆放场地。

(3)船台或船坞总段大合拢对接缝的 CO_2 单面焊后,可使大量的仰焊工作转化为平焊,提高了焊接效率,减轻焊工劳动强度,且确保了焊接质量。

(4)基本上取消了大接缝焊的碳刨,节约电能、焊接材料和碳棒等,为此缩短了船台或船坞大合拢的焊接周期。

2. 陶质衬垫

陶质衬垫是一种可挠曲的砖式衬垫(图 2-28),并用涂着胶水的铝箔作为衬用时的黏结剂,在任何位置下衬贴做全位置焊接,不需要其他辅助固定措施。所以陶质衬垫使用方便,同时可根据船体线型任意弯曲或截取不同长度进行衬贴。衬垫的作用是承托焊缝金属的熔池,按衬垫成形槽的形状形成背面焊缝。衬垫块采用硅和铝的氧化物作为主要原料,并加入防氧化剂、脱渣剂和助熔剂,混合后压制、阴干、经高温烧结而成。对衬垫块的技术性能要求主要有吸潮率、密度、抗弯强度及耐火度等指标。根据用途及形状不同,可选用直线形垫(标准型)、圆弧形垫、十字接头垫以及板厚差垫等。利用衬垫焊接,坡口根部间隙可在较宽范围内变动,只要操作合理,均能得到良好的反面焊缝成形。

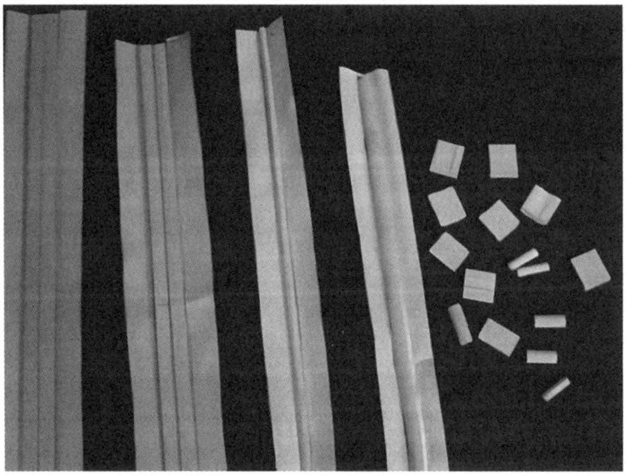

图 2-28 陶质衬垫

3. 焊接工艺参数的选择

CO_2 单面焊的工艺参数主要包括根部间隙、坡口角度、焊枪运动方式、电弧电压与焊接电流、焊缝接头的处理、收弧方式以及衬垫保护等。

(1)根部间隙

由于间隙会影响焊缝的成形,通常平、立对接焊最佳间隙(平、立、横)范围为 5~8 mm,

横对接缝间隙为 4~6 mm,可获得良好的反面焊缝。而间隙小于 3 mm,则不能得到稳定的反面焊缝成形。焊接速度与根部间隙的大小有关,且与焊接位置有直接关系。为得到良好的成形焊缝,正确选择合适的焊接速度至关重要。

(2)坡口角度

坡口角度影响反面成形焊缝的高度和宽度。试验得出,平焊、立焊位置的坡口角度为 40°~50°;横对接焊的上坡口角度为 25°,下坡口角度为 15°,其公差范围均为±5°。在上述范围内,若坡口角度较大,电弧电压可略小些;相反,则可大些。

(3)焊枪运动方式

CO_2 单面焊可采用右焊法或左焊法。但实际应用时,还需根据结构的位置而定。焊枪与焊缝的夹角为 60°~70°为宜。焊枪的运动轨迹根据间隙应有所不同,若间隙在正常范围时,焊丝的送进可在熔池前端,焊枪做不摆动的均匀前进;如果间隙较大,则焊丝送进处在熔池中间,焊枪做横向摆动前进。

(4)电弧电压与焊接电流

CO_2 单面焊的电弧电压,随焊接电流的变化而改变,因此可按经验公式 $U=14+0.05I$ 进行选定。

焊接速度应与焊接电流、电弧电压相匹配,只有综合上述几个参数,配以焊工技能,才能获得良好的焊缝反面成形。总的要求是打底焊道的规范参数不宜过大,焊层不宜过厚,否则易产生裂缝。由此可见,CO_2 单面焊选择合适的焊接规范参数是保证焊缝质量的重要因素之一。

(5)焊缝接头处理

CO_2 单面焊工艺其接头的质量也是很关键的。由于接头时,其间隔时间的增加,使接头处不能熔透而形成缩孔凹陷,甚至有弧坑裂纹存在,必须刨除后焊接。但一般熟练的焊工为确保焊缝接头的质量,均采用快速热接方式,效果较好。

(6)收弧方式

单面焊打底层焊道收弧时,为防止出现缩孔,首先采用焊接电流衰减的方法,目前使用的 CO_2 气体保护半自动焊机上都有填满弧坑的衰减规范的调节旋钮。在焊接前先将此旋钮调节到适当衰减数值上,当要收弧时,第二次按焊枪上的按钮,此时焊接电流及电弧电压即会自动从原来的规范参数上衰减到较小的数值上。这样可以延续熔池上部的凝固速度,使它与熔池下部同时凝固,直至熔化金属填满弧坑后,再将电弧引向已凝固的焊缝上,此时放开焊枪按钮,电弧熄灭,缩孔也就不会产生。

(7)衬垫保护

陶质衬垫有一定的吸潮性,若遇水或雨淋必须调换,否则焊接时会产生飞溅和气孔,影响焊接质量。同时衬垫由铝箔胶纸黏结,不能重新烘焙,一定要妥善保管。陶质衬垫安装方便,不需磁铁紧固,完全依赖铝箔上涂的胶水与钢板的黏着力,但必须注意的是二节衬垫之间应对准,保持平直,否则会造成反面焊缝表面成形的"竹节"情况。

4. 焊接操作要求

(1)平对接单面焊

焊枪运动方向可采用右焊法或左焊法。无论右焊法还是左焊法,焊枪应垂直焊缝中心,并向右倾斜 5°~25°。前进时焊枪应做适当的横向摆动,摆幅宽度比间隙大 2~3 mm。不同间隙摆动方法如图 2-29 所示。

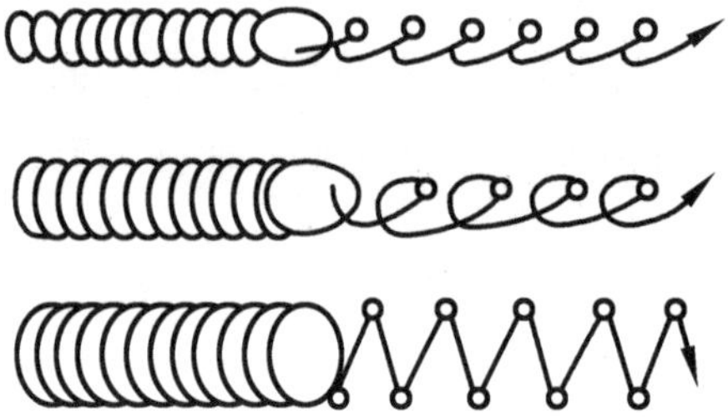

图 2-29 不同间隙的运条方法

打底层焊时应在熔池前形成一个熔穴。第二层以及以后各层采用多道焊。最后一层填充层表面离上口 1~2 mm。盖面焊缝宽度应超过上口坡口边缘两侧各 2 mm。坡口内焊枪运动方法如图 2-30 所示。

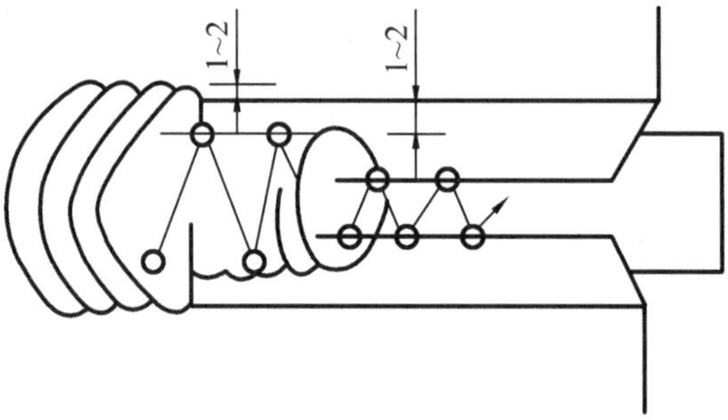

图 2-30 平对接坡口内焊枪运动方法

平对接单面焊中途中断焊接,若停留时间过长,成为冷接头时,焊前应将弧坑清除干净,以免接头处反面形成凹坑或缩孔。若操作移动位置的连接接头应加速引弧,使弧坑在未完全凝固前起弧。

平对接单面焊(以 16 mm 碳钢为例)常用主要焊接工艺参数见表 2-15。焊接时若在室内，CO_2 气体流量为 10～15 L/min；若在室外，CO_2 气体流量为 15～25 L/min。

表 2-15　平对接单面焊工艺参数

位置	坡口形式	焊道层次	焊丝直径/mm	焊接电流/A	焊接电压/V	焊接速度/(cm/min)
平对接	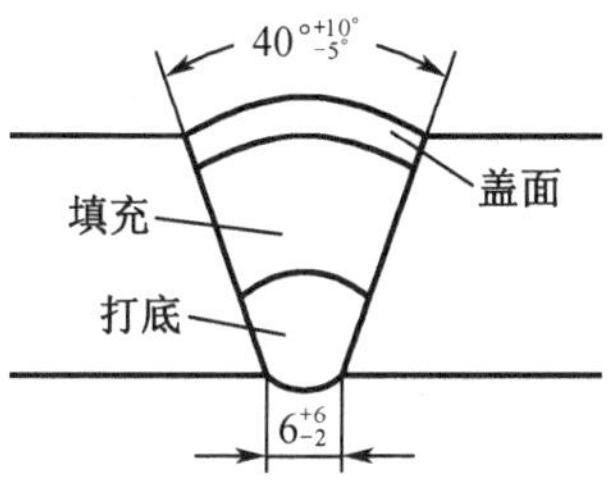	打底	1.4	200～250	22～26	9.3～15.3
		填充	1.4	200～290	22-29	21.6～49.7
		盖面	1.4	190～270	22-28	24.1～41

(2)横对接单面焊

横对接单面焊可采用左焊法或右焊法。焊枪不宜做垂直于焊缝方向的移动，而应采用如图 2-31 所示的运条方法。

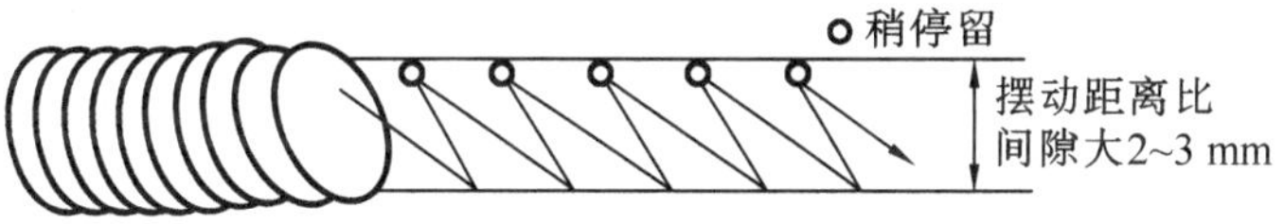

图 2-31　横对接焊枪运动方法

焊枪与焊件的夹角如图 2-32(a)所示，焊枪与焊接方向的夹角如图 2-32(b)所示。

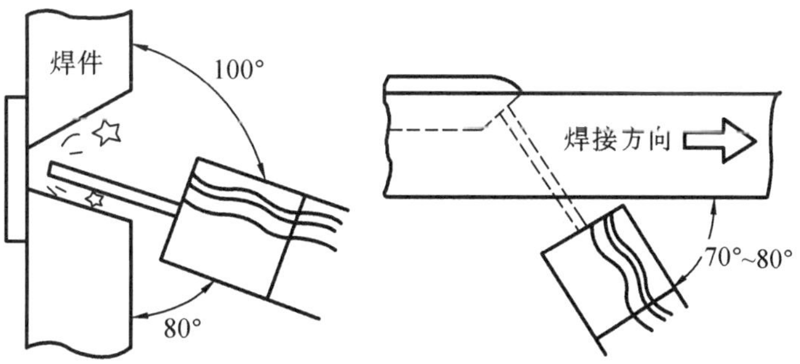

(a) 焊枪与焊件的角度　　(b) 焊枪与焊接方向的角度

图 2-32　横对接焊焊枪角度

焊缝间隙在 5 mm 以下的焊枪位置和燃弧点如图 2-33 所示。焊缝间隙在 5~8 mm 的第一层焊枪摆动及两侧停留时间如图 2-34 所示。

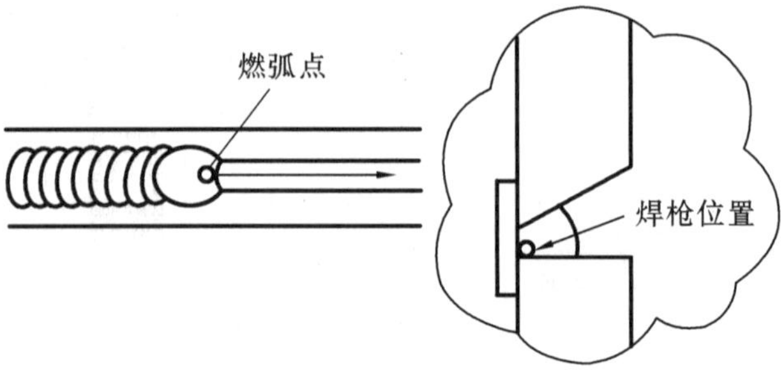

图 2-33　横对接间隙在 5 mm 以下焊枪位置和燃弧点

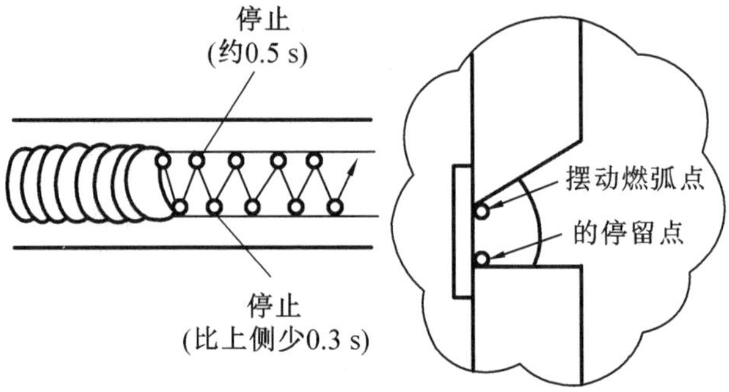

图 2-34　横对接间隙在 5~8 mm 焊枪摆动及停留时间

焊缝间隙在 8 mm 以上时，第一层采用二道焊，如图 2-35 所示。其余各层各道的焊枪位置及燃弧点如图 2-36 所示。

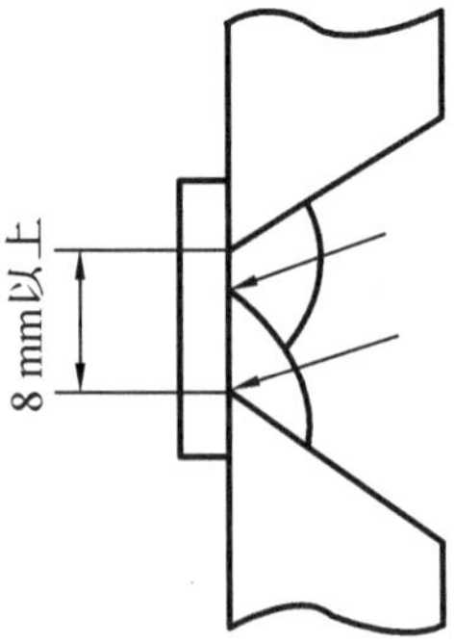

图 2-35　横对接间隙在 8 mm 以上

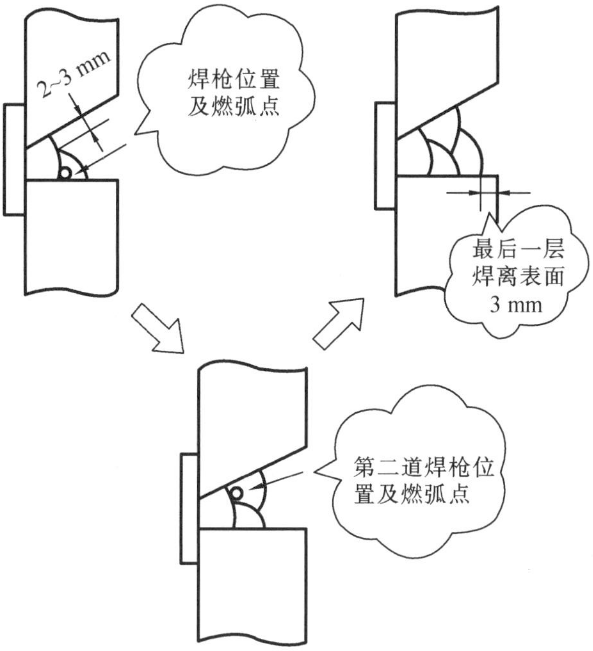

图 2-36　横对接多层焊各层各道位置安排

横对接单面焊(以 16 mm 碳钢为例)常用主要焊接工艺参数见表 2-16。焊接时若在室内,CO_2 气体流量为 10~15 L/min;若在室外,CO_2 气体流量为 15~25 L/min。

表 2-16　横对接单面焊工艺参数

位置	坡口形式	焊道层次	焊丝直径/mm	焊接电流/A	焊接电压/V	焊接速度/(cm/min)
横对接	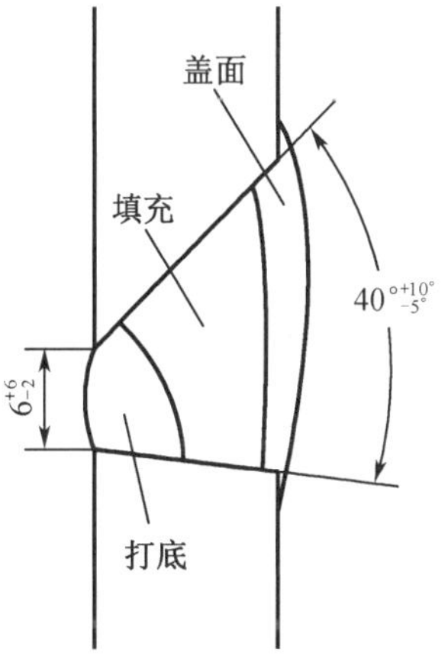	打底	1.4	200~250	22~26	9.3~15.3
		填充	1.4	200~290	22~29	21.6~49.7
		盖面	1.4	190~270	22~28	24.1~41

(3)立对接单面焊

立对接单面焊焊枪由下向上移动,焊枪位于焊缝中心,与左右方向成 90°,与焊接方向成 80°~100°,焊枪按月牙形摆动上升,摆幅宽度比间隙大 2~3 mm。焊枪向上移动时,应在熔池前形成一个熔穴,燃弧点与熔穴保持 2 mm 距离(图 2-37)。

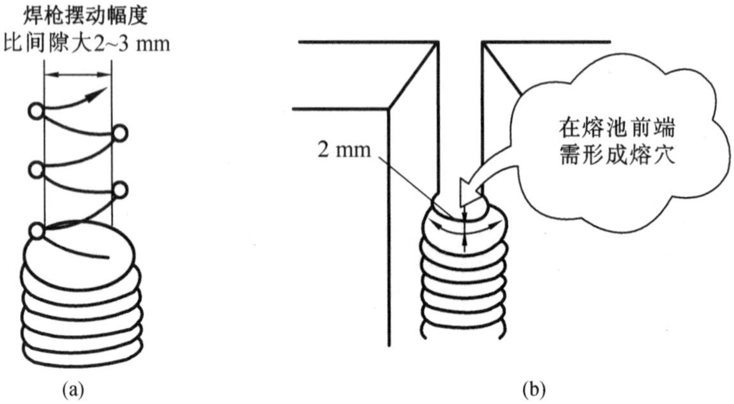

图 2-37　立对接单面焊焊枪摆动方法

多层焊的各层焊缝根据板厚,随着坡口宽度增加,焊枪摆动可采用锯齿形或四边形上升。各层焊缝焊枪在坡口内摆动宽度和停留点如图 2-38 所示。

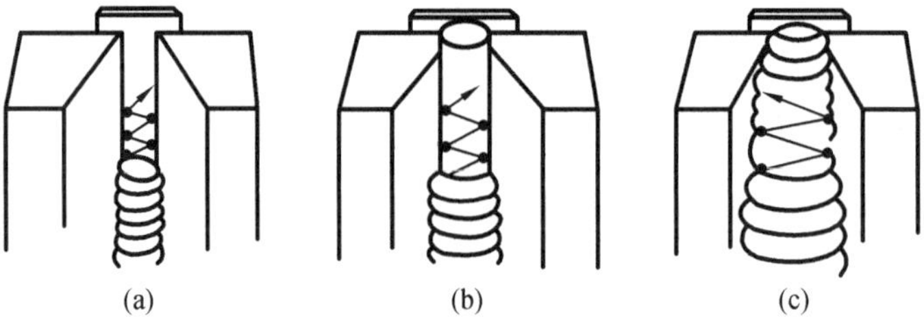

图 2-38　多层焊各层焊枪摆动的宽度和停留点

焊缝宽度达 24~30 mm 时的大坡口及盖面焊缝的焊枪运动方法和停留点如图 2-39 所示。

盖面焊缝宽度达 30 mm 以上时焊枪运动方法如图 2-40 所示。第一道焊缝焊枪摆幅宽度为坡口宽度的 2/3,第二道焊缝需盖住第一道焊缝的 1/3。

立对接单面焊(以 16mm 碳钢为例)常用主要焊接工艺参数见表 2-17。焊接时若在室内,CO_2 气体流量为 10~15 L/min;若在室外,CO_2 气体流量为 15~25 L/min。

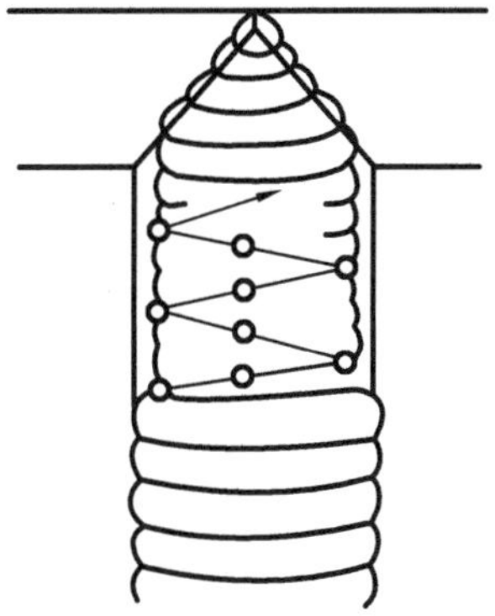

图 2-39　焊缝宽 24~30 mm 盖面焊缝焊枪运动方法和停留点

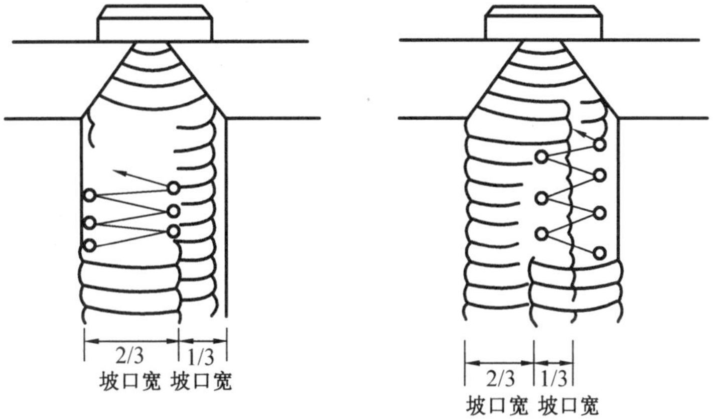

(a)第一道焊缝　(b)第二道焊缝

图 2-40　焊缝宽 30 mm 以上盖面焊焊枪运动方法和停留点

表 2-17　立对接单面焊工艺参数

位置	坡口形式	焊道层次	焊丝直径/mm	焊接电流/A	焊接电压/V	焊接速度/(cm/min)
立对接	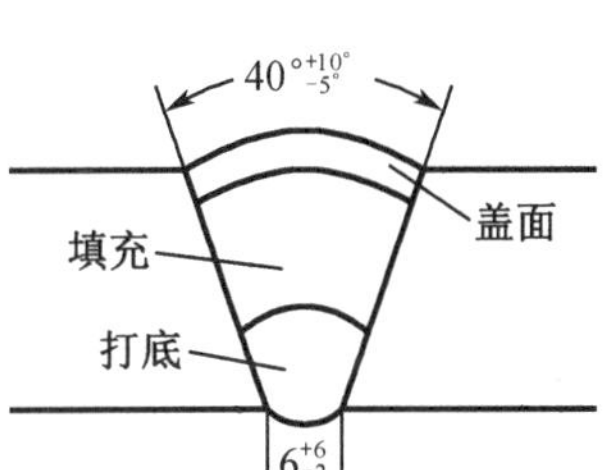	打底	1.4	145~185	21~26	3.3~5.5
		填充	1.4	190~240	21~26	9.5~15.8
		盖面	1.4	180~230	22~26	7.2~12.9

2.4.4　能力训练

1. 任务描述

CO_2 气体保护半自动焊陶质衬垫单面焊的平对接、横对接、立对接操作的主要工作任务是在两块钢板组成的对接上采用 CO_2 气体保护半自动焊陶质衬垫单面焊完成宽度均匀、成形美观的平对接、横对接、立对接焊缝；主要操作过程是在对接接头上根据平对接、横对接、立对接的位置要求，引燃电弧后移动焊枪形成符合要求的对接焊缝，要求对接焊缝尺寸符合要求，成形美观，焊缝表面及内部无裂纹、气孔等缺陷。那么作为一名焊接人员，如何顺利完成 CO_2 气体保护半自动焊陶质衬垫单面焊平对接、横对接和立对接的操作呢?

2. 操作条件

(1)焊接电源额定电流一般采用 500 A 的平特性直流焊接电源(CL500)，焊枪可采用 350 型鹅颈式焊枪，送丝机构配有 ϕ1.0 mm/ϕ1.2 mm 或 ϕ1.2 mm/ϕ1.4 mm 送丝轮，CO_2 气瓶的气体纯度≥99.5%，陶质衬垫长度 350 mm，粘贴在坡口背面。

(2)试板采用低碳钢(Q235A)，尺寸为 300 mm×100 mm×16 mm，每种位置数量各两块，分别装配成平对接、横对接和立对接形接头，坡口角度 50°，间隙约 6 mm。

(3)焊丝采用 E501T-1(GFL-71)，直径 1.4 mm。

(4)采用砂轮机将试板表面的油漆或铁锈等污物清除，直至露出金属光泽。

(5)装配完毕应矫正焊件，保证立板与平板间的垂直度，在焊件两端对称进行定位焊，定位焊缝长度为 10~15 mm。为了控制变形，预设反变形 5°~6°。

3. 安全注意事项

(1)正确使用焊接防护用品，身体不要直接接触焊件，换焊丝时要戴好焊工手套。

(2)确保工作场所无可燃物，做到有效通风，照明良好。

(3)焊机电源外壳必须有良好的接地或接零，焊枪绝缘手柄必须完整无缺。

(4)焊接时严格遵守电焊作业“十不烧”要求。

(5)检查焊接设备(焊接电源、送丝机构、流量器等)运行是否正常；送丝机构、送丝轮凹槽直径是否与所使用的焊丝直径匹配；电磁气阀是否动作，不允许有直风现象；压紧调节杆应根据所使用的焊丝直径调节到相应的位置，确保送丝稳定。

(6)操作时应注意避免熔渣向前流淌和熔融金属的流淌堆积，并注意焊缝边缘有无未熔合现象。

(7)送丝软管应尽量减少弯曲，其弯曲半径应大于 300 mm，以保证顺利送丝。

(8)送丝机构的校直及压紧部位，应使焊丝校直而无明显的压痕现象，使焊丝均匀进行。

(9)在一般情况下，每层焊缝的厚度为 2~4 mm，但不宜大于 5 mm，过厚会增加线能量，影响接头的力学性能。横向焊时,因焊道厚度增加会引起坡口下边缘出现未熔合缺陷。

(10)焊缝的引弧和连接处平滑,无局部过高、过宽现象,收弧处无缺陷。

(11)焊波均匀,无明显焊缝缺陷。

(12)焊后焊件非焊接区域无引弧痕迹。

(13)焊接结束切断电源,工具放回指定位置,清扫工作场所,做到工完料清。

4. 操作过程

(1)平对接单面焊操作过程(表 2-18)

表 2-18　平对接单面焊操作过程

序号	步骤	操作方法及说明	质量标准
1	劳防用品检查	帆布工作服、工作鞋、面罩、手套、防护眼镜等穿戴整齐	工作服、工作鞋等防护用品穿戴规范,无破损或遗漏
2	焊接设备、工具检查	检查接地线是否牢固,焊接电缆线、焊枪是否有破损	接地线牢固,电缆、焊枪表面无破损
3	试件清理	使用角向砂轮机将待焊处一定范围内的油漆、锈、水分等杂质清理干净	试件表面清洁、干燥、露出金属光泽
4	焊接参数调节	使用直径 1.4 mm 的药芯焊丝,打底层 $I=200\sim250$ A,$U=22\sim26$ V 填充层 $I=220\sim290$ A,$U=22\sim29$ V 盖面层 $I=190\sim270$ A,$U=22\sim38$ V	电流、电压偏差不超过 10%
5	打底层焊接	焊枪应垂直焊缝中心,并向右倾斜 5°~25°。前进时焊枪应做适当的横向摆动,摆幅宽度比间隙大 2~3 mm	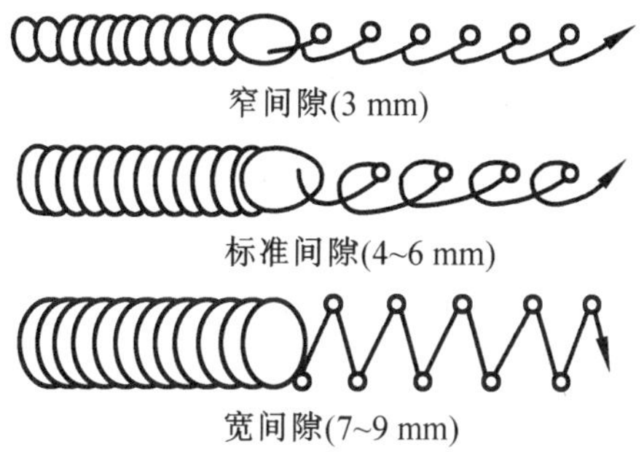

表 2-18(续)

序号	步骤	操作方法及说明	质量标准
6	填充及盖面焊	第二层及以后各层采用多道焊。最后一层填充焊其表面离上口 1~2 mm。盖面焊缝宽度应超过上口坡口边缘两侧各 2 mm	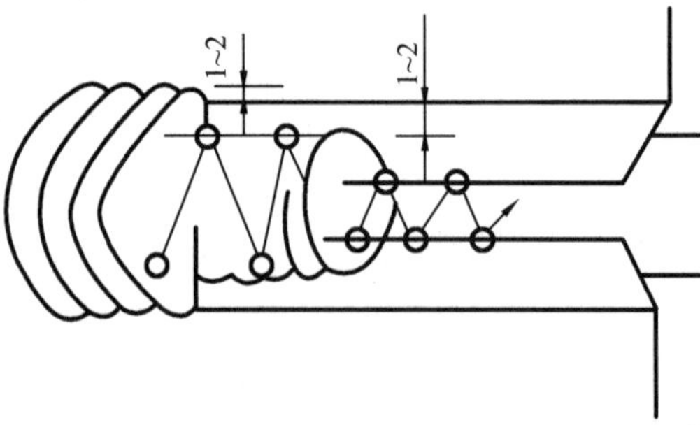
7	试件清理	用敲渣锤、凿子、钢丝刷等工具将平对接单面焊焊缝表面的焊渣及飞溅清理干净	焊缝周围无飞溅、熔渣、焊接烟尘和引弧痕迹
8	焊后检验	使用手电筒、放大镜、焊接检验尺对平对接单面焊焊缝进行外观检查	焊缝表面无缺陷,焊缝尺寸及其偏差在要求范围内
9	焊后安全检查	关闭电源、检查火灾隐患、打扫场地	场地打扫干净、工具设备摆放整齐

(2)横对接单面焊操作过程(表 2-19)

表 2-19　横对接单面焊操作过程

序号	步骤	操作方法及说明	质量标准
1	劳防用品检查	帆布工作服、工作鞋、面罩、手套、防护眼镜等穿戴整齐	工作服、工作鞋等防护用品穿戴规范,无破损或遗漏
2	焊接设备、工具检查	检查接地线是否牢固,焊接电缆线、焊枪是否有破损	接地线牢固,电缆、焊枪表面无破损

表 2-19(续 1)

序号	步骤	操作方法及说明	质量标准
3	试件清理	使用角向砂轮机将待焊处一定范围内的油漆、锈、水分等杂质清理干净	试件表面清洁、干燥、露出金属光泽
4	焊接参数调节	使用直径 1.4 mm 的药芯焊丝,打底层 $I=200\sim250$ A,$U=22\sim26$ V 填充层 $I=220\sim290$ A,$U=22\sim29$ V 盖面层 $I=190\sim270$ A,$U=22\sim38$ V	电流、电压偏差不超过 10%
5	打底层焊接	可采用左焊法或右焊法。焊枪不宜做垂直于焊缝方向的移动	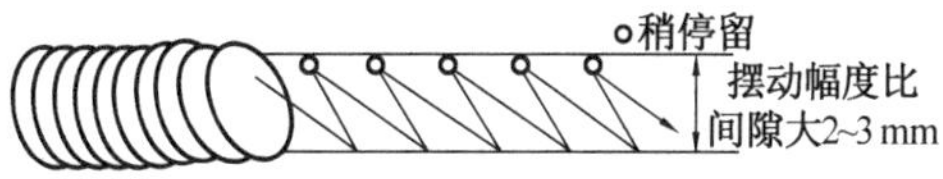
6	多层多道焊	多层多道焊各道的焊枪位置及燃弧点见右图	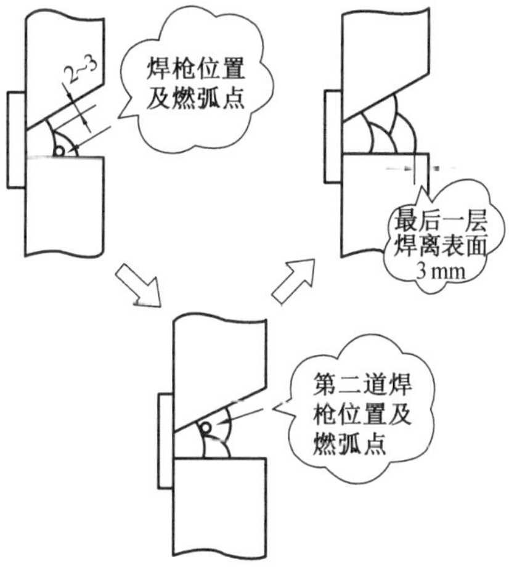
7	试件清理	用敲渣锤、凿子、钢丝刷等工具将横对接单面焊焊缝表面的焊渣及飞溅清理干净	焊缝周围无飞溅、熔渣、焊接烟尘和引弧痕迹

表 2-19(续)

序号	步骤	操作方法及说明	质量标准
8	焊后检验	使用手电筒、放大镜、焊接检验尺对横对接单面焊焊缝进行外观检查	焊缝表面无缺陷,焊缝尺寸及其偏差在要求范围内
9	焊后安全检查	关闭电源、检查火灾隐患、打扫场地	场地打扫干净、工具设备摆放整齐

(3)立对接单面焊操作过程(表 2-20)

表 2-20　立对接单面焊操作过程

序号	步骤	操作方法及说明	质量标准
1	劳防用品检查	帆布工作服、工作鞋、面罩、手套、防护眼镜等穿戴整齐	工作服、工作鞋等防护用品穿戴规范,无破损或遗漏
2	焊接设备、工具检查	检查接地线是否牢固,焊接电缆线、焊枪是否有破损	接地线牢固,电缆、焊枪表面无破损
3	试件清理	使用角向砂轮机将待焊处一定范围内的油漆、锈、水分等杂质清理干净	试件表面清洁、干燥、露出金属光泽
4	焊接参数调节	使用直径 1.4 mm 的药芯焊丝,打底层 $I=145\sim185$ A,$U=21\sim26$ V 填充层 $I=190\sim240$ A,$U=21\sim26$ V 盖面层 $I=180\sim230$ A,$U=22\sim26$ V	电流、电压偏差不超过 10%

表 2-20(续 1)

序号	步骤	操作方法及说明	质量标准
5	打底层焊接	立对接单面焊焊枪由下向上移动,焊枪位于焊缝中心,与左右方向成 90°,与焊接方向成 80°～100°,焊枪按月牙形摆动上升,摆幅宽度比间隙大 2～3 mm。焊枪向上移动时,应在熔池前形成一个熔穴,燃弧点与熔穴保持 2 mm 距离	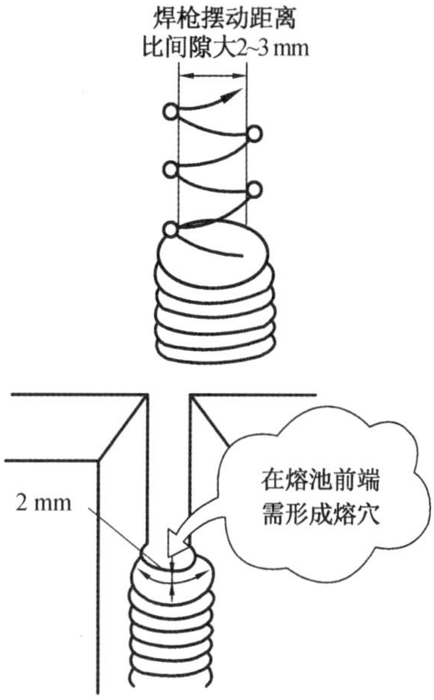
6	填充及盖面焊	多层焊的各层焊缝根据板厚,随着坡口宽度增加,焊枪摆动可采用锯齿形或四边形上升。各层焊缝焊枪在坡口内摆动宽度和停留点见右图	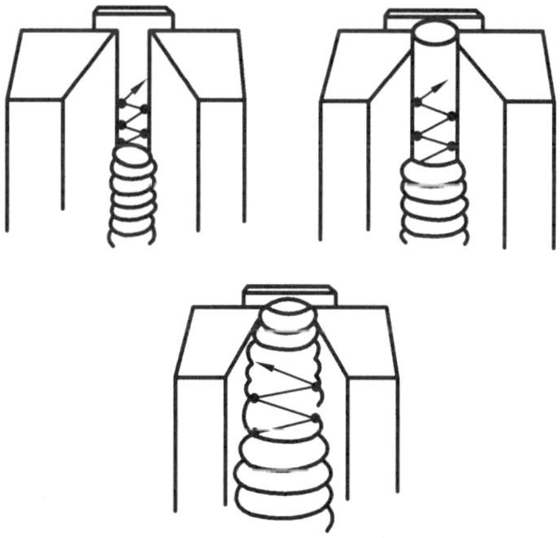
7	试件清理	用敲渣锤、凿子、钢丝刷等工具将立对接单面焊焊缝表面的焊渣及飞溅清理干净	焊缝周围无飞溅、熔渣、焊接烟尘和引弧痕迹

表 2-20(续 2)

序号	步骤	操作方法及说明	质量标准
8	焊后检验	使用手电筒、放大镜、焊接检验尺对立对接单面焊焊缝进行外观检查	焊缝表面无缺陷,焊缝尺寸及其偏差在要求范围内
9	焊后安全检查	关闭电源、检查火灾隐患、打扫场地	场地打扫干净、工具设备摆放整齐

问题情景一

CO_2 气体保护半自动陶质衬垫横对接焊接试板后,发现背面焊缝出现树枝状气孔,可能是什么原因?

提示　背面衬垫未与试板贴近;衬垫受潮吸水;背面风较大;试板背面焊前清理不当,钢板表面有水等。

问题情景二

某集装箱船上舱口围在船坞搭载时大接头中有一处 70 mm 厚板高强度钢需进行 CO_2 气体保护半自动陶质衬垫单面焊立对接焊,如何确保焊接质量?

提示 1　70 mm 厚的高强度钢焊接之前按要求进行预热,预热温度 80 ℃,层间温度控制在 80~150 ℃,以防止裂纹。

提示 2　厚板可以开 32° V 形或 X 形坡口,间隙控制在 9 mm,在多层多道焊过程中,彻底清理上一道焊缝的焊渣等杂质,确保无缺陷后再焊下一道。

5. 学习结果评价(表 2-21)

表 2-21　学习结果评价

序号	评价项目	评价标准	评分	得分
1	个人防护	帆布工作服、工作鞋、面罩、手套、防护眼镜等穿戴整齐、规范,无破损。漏做或未做,全扣	20	
2	焊前准备	配电箱完整、无漏电现象;焊接保护接地牢固;试板表面干净露出金属光泽。每项 5 分	15	

表 2-21(续)

序号	评价项目	评价标准	评分	得分
3	焊接过程	焊接电流、电压参数符合要求;顺利引弧并稳定燃烧;收弧处弧坑饱满。每项 5 分	15	
4	焊后检验	焊缝余高 ≤ 3 mm,高度差 ≤ 1 mm;焊缝坡口增宽 ≤1 mm,宽度差≤2 mm;咬边≤2 mm,长度≤30 mm;角变形≤3°;外观无气孔、裂纹、夹渣等缺陷。每项 5 分	30	
5	安全文明生产	无安全隐患、无违章操作。否则不得分	20	

2.4.5　课后作业

1. 填写操作流程

回顾 CO_2 气体保护半自动焊平对接、横对接、立对接单面焊操作过程,填写表 2-22。

表 2-22　操作流程要求

工作步骤	步骤简述	注意事项
平对接单面焊工艺参数调节	使用直径________ mm 的药芯焊丝,打底层 I= ________ A,U=________ V 填充层 I=________ A,U=________ V 盖面层 I=________ A,U=________ V	打底层焊时应在熔池前形成一个________。第二层及以后各层采用________
平对接单面焊操作	焊枪应垂直焊缝中心,并向右倾斜 5°~________。前进时焊枪应做适当的横向摆动,摆幅宽度比间隙大________ mm	盖面焊缝宽度应超过上口坡口边缘两侧各________ mm
横对接单面焊工艺参数调节	使用直径________ mm 的药芯焊丝,打底层 I= ________ A,U=________ V 填充层 I=________ A,U=________ V 盖面层 I=________ A,U=________ V	成形层焊道的参数不宜________,焊层不宜________,否则易产生________

表 2-22(续)

工作步骤	步骤简述	注意事项
横对接单面焊操作	可采用左焊法或右焊法。焊枪__________做垂直于焊缝方向的移动	在打底层焊接中,由于各种原因需做__________时,重新引弧应采用__________接头,即前一次熄弧后,待熔池尚未__________,随即__________开始正常焊接
立对接单面焊工艺参数调节	使用直径__________ mm 的药芯焊丝,打底层 I=__________ A,U=__________ V 填充层 I=__________ A,U=__________ V 盖面层 I=__________ A,U=__________ V	在一般情况下,每层焊缝的厚度为__________ mm,但不宜大于__________ mm,过厚会增加__________,影响接头的力学性能
立对接单面焊操作	立对接单面焊焊枪由下向上移动,焊枪位于焊缝中心,与左右方向成__________,与焊接方向成__________,焊枪按__________摆动上升,摆幅宽度比间隙大__________ mm。焊枪向上移动时,应在熔池前形成一个__________,燃弧点与熔穴保持__________ mm 距离	多层焊的各层焊缝根据__________,随着坡口宽度__________,焊枪摆动可采用__________或__________上升

2. 技能训练

通过多次、反复的练习,掌握基本操作要领,直到能完成符合标准要求的 CO_2 气体保护半自动陶质衬垫单面焊平、横、立焊缝。

3. 流程描述

将操作时的工作流程进行详细的梳理,结合 5S 管理要求,写在作业本上。

模块3　钨极氩弧焊

任务3.1　钨极氩弧焊的平敷焊操作

3.1.1　核心概念

钨极氩弧焊、惰性气体、钨极、平敷焊(图3-1)

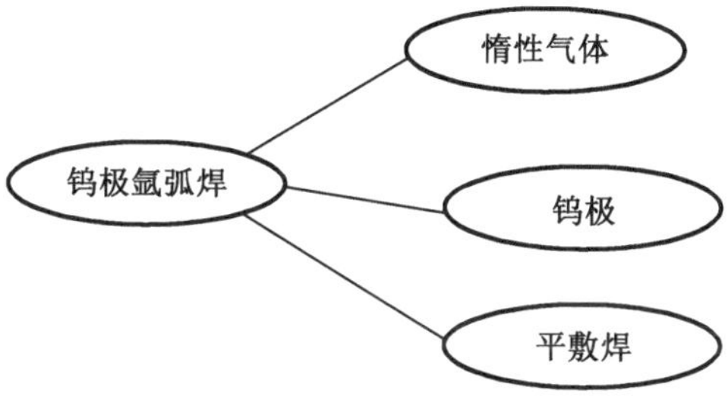

图3-1　核心概念

3.1.2　学习目标

1. 能根据钨极氩弧焊焊接要求,正确选择工具和材料。
2. 能规范调试钨极氩弧焊焊接设备,调节工艺参数。
3. 能规范完成钨极氩弧焊的平敷焊基本操作过程,包括引弧、送丝、收弧等。
4. 能检验焊接效果与质量,改进与完善焊接操作。
5. 能养成严谨细致、精益求精的工匠品格,以及良好的安全文明操作习惯。

3.1.3　基本知识

1. 原理及特点

钨极氩弧焊采用高熔点的钨棒作为电极,并使用氩气作为保护气体,其利用钨棒与焊件之间的电弧热量来熔化填充金属和母材,冷却凝固后形成焊缝,而电极本身不熔化,只起到发射电子产生电弧的作用,是一种非熔化极气体保护焊方法,简称 TIG 焊。如图 3-2 所示。

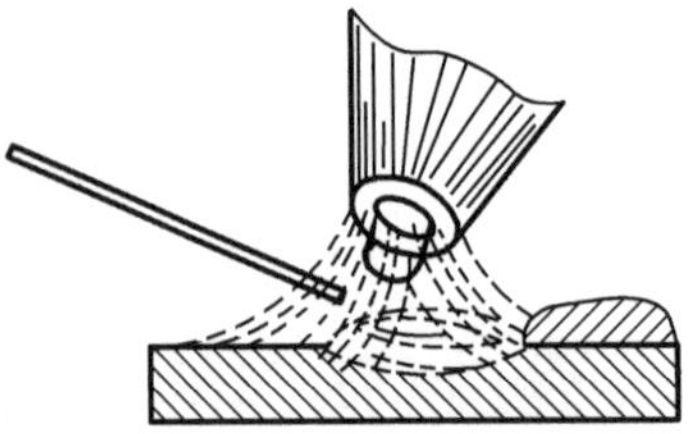

图 3-2　钨极氩弧焊

氩气的密度比空气大,是一种惰性气体,既不与金属起化学反应,也不溶解于液体金属。在焊接过程中,母材中的合金元素不会烧损,焊缝不易产生气孔。钨极氩弧焊特点如下。

(1)可焊接的材料范围广

几乎所有的金属材料都可以进行氩弧焊,特别是化学性质活泼的金属。钨极氩弧焊常用于不锈钢和铝、镁、钛、铜及其合金的焊接。

(2)氩气的保护性能优良

由于氩气是惰性气体,不溶解于液态金属也不与金属起化学反应,焊接过程基本上是金属熔化与结晶的简单过程,所以能得到质量良好的焊缝。

(3)电弧稳定

采用难熔的钨棒作电极,易于维持弧长和电弧的稳定。

(4)电弧控制容易

由于明弧易观察,而且热源和填充焊丝可分别控制,所以热输入易调节,适于各种位置的焊接。另外,受氩气的压缩和冷却作用,电弧集中,热影响区小,并且适合单面焊双面成形的操作。

2. 设备组成

钨极氩弧焊设备主要包括主电源、焊枪、供气系统、水冷系统和控制系统等部分。如图 3-3 所示。

(1)主电源

钨极氩弧焊电源是根据被焊金属材料进行选择的。一般具有陡降特性的焊接电源均可作为氩弧焊电源。

直流弧焊电源采用不同的极性,在工艺上将会有明显的差异。当采用正接时,由于电子从钨极向焊件高速冲击,结果使焊件温度升高,而钨极温度则较低。因此,采用正接,不仅可以增加熔深,而且钨极允许通过的焊接电流也可增大,所以常用于焊接碳钢、铜、不锈钢等材料;当采用直流反接时,由于电子从焊件向钨极冲击,结果使钨极温度升高,损耗增大,电弧不稳定,钨棒烧损,不易采用。

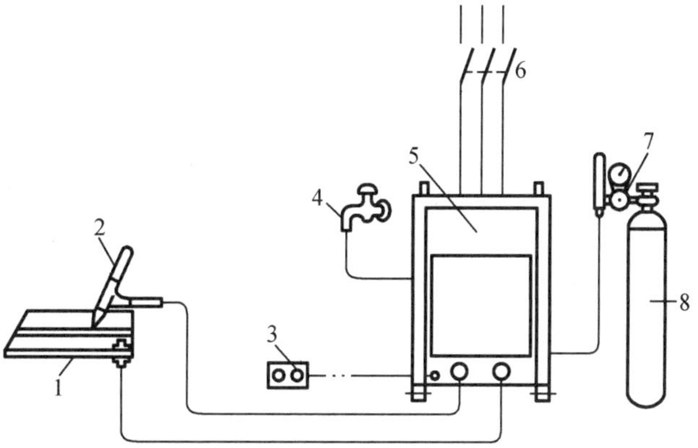

1—焊件;2—焊枪;3—遥控盒;4—冷却水;5—电源控制系统;6—电源开关;7—流量调节器;8—氩气瓶。

图 3-3 钨极氩弧焊设备组成

直流钨极氩弧焊时,因无极性的变化,所以电弧稳定,其主电路系统较为简单,采用一般的弧焊发电机或弧焊整流器,附加高频振荡器用于引弧,即可进行焊接。

交流氩弧焊电源的极性是不断变化的,在正接的半波里(钨极为阳极),由于钨棒的熔点高(3 370 ℃),钨棒端部能加热到很高的温度,同时钨棒的导热系数低,钨棒尺寸小,因而损失的热量少。此时钨极的阴极斑点容易维持高温,热电子发射能力强,所以电弧的导电性能很好,电弧电流很大,而电弧电压较低,钨棒的烧损小。反之,在反接的半波里(钨极为阳极),有阴极破碎的作用,熔池表面氧化膜可得以清除。但是此时由于焊件的导热率大,尺寸大,散热能力较强,以致熔池表面的阴极斑点加热温度低,热电了发射能力弱。所以电弧导电困难,电流小,电压较高。负半波时电弧引燃困难,焊接过程中电弧的稳定性就很差。因此,交流钨极氩弧焊电源为了保证引弧和稳弧,通常采用脉冲稳弧器和高频振荡器等。

(2)焊枪

钨极氩弧焊焊枪的作用是夹持钨极,传导电流和输送氩气,如图 3-4 所示。其主要由枪体、喷嘴、电极夹持装置、电缆、氩气输入管、冷却水管、按钮开关等组成。焊枪要求结构简单轻巧,气体保护性能良好,方便使用。

钨极端部形状适用于不同的焊接情况,如图 3-5 所示。

(3)供气系统

氩弧焊供气系统由气瓶、减压器、电磁气阀、气体流量计等组成。其作用是使气瓶中的氩气按一定的流量,从焊枪的喷嘴输送到焊接区域。

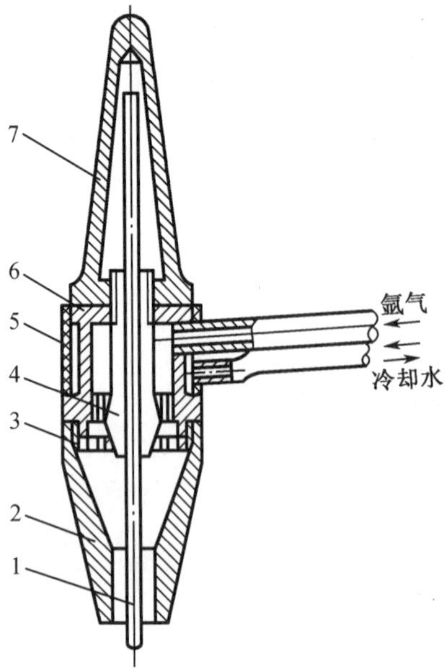

(a)

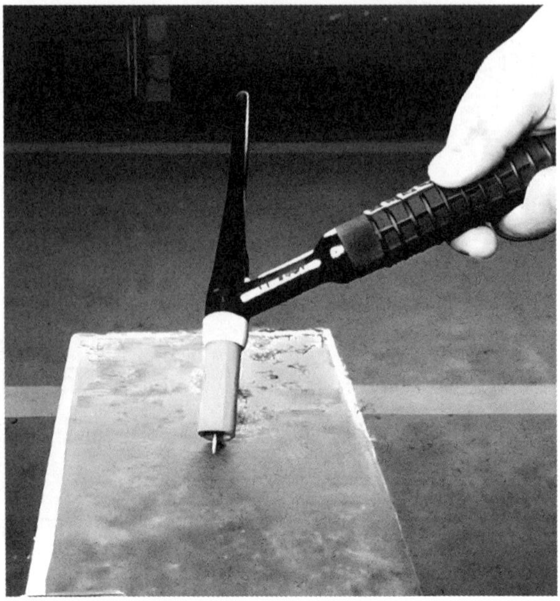

(b)

1—钨极;2—喷嘴;3—铜丝网;4—钨极夹头;5—冷却水套;6—焊枪体;7—帽罩。

图 3-4 焊枪

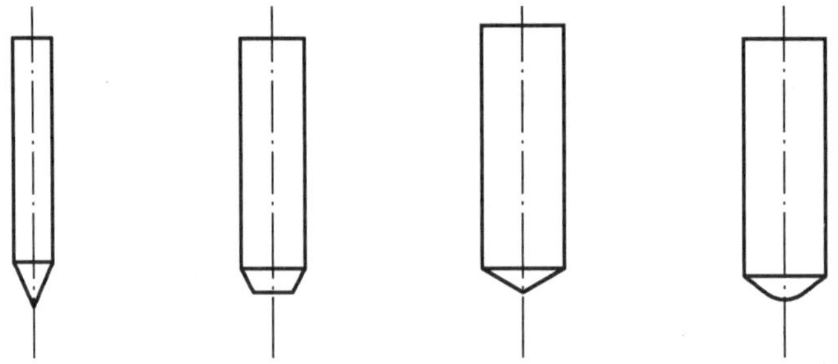

(a)锐锥形:用于小电流焊接时

(b)平顶锥形:用于中等电流焊接时

(c)钝锥形:用于大电流焊接时

(d)圆珠形:用于交流电流或直流反接时

图 3-5 钨极端部形状

(4)水冷系统

当焊接电流大于 200 A 时,焊枪和钨极必须采用水冷却,保护焊枪不被烧坏,有利焊工握持。

(5)控制系统

钨极氩弧焊时,通过控制线路实现对供电、供气、引弧与稳弧等部分的控制,保证焊接过程的正常进行。焊接控制程序如图 3-6 所示。

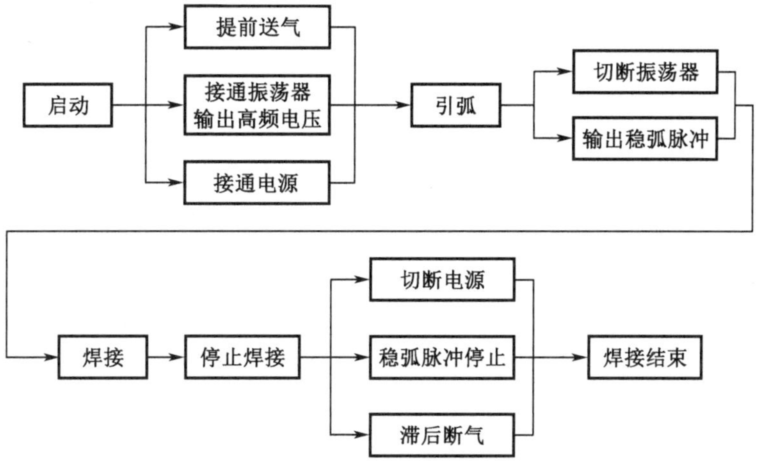

图3-6　控制系统

3.1.4　能力训练

1. 任务描述

钨极氩弧焊平敷焊的主要工作任务是在一块钢板上采用钨极氩弧焊的方法完成一条宽度均匀、成形美观的焊缝；主要操作过程是在一块水平放置的钢板上，引燃电弧后通过焊枪的移动形成一条符合要求的焊缝，焊接电弧应稳定，焊缝外观成形尺寸应符合要求，焊缝内外无裂纹、气孔等缺陷。那么作为一名焊接人员，如何引燃钨极氩弧焊的电弧和让电弧一直稳定燃烧呢？

2. 操作条件

(1)焊接设备采用WS-200弧焊整流器。

(2)试板采用低碳钢(Q235 A)，尺寸为200 mm×80 mm×3 mm。

(3)焊丝采用TIG-50(ϕ2 mm)，电流为80~100 A，钨极直径为2 mm，气体流量为4~6 L/min。

(4)采用砂轮机将试板表面的油漆或铁锈等污物清除，直至露出金属光泽。

(5)在试板上用直尺画线，焊缝宽度为5~7 mm，高度为1~2 mm。

3. 安全及注意事项

(1)正确使用焊接防护用品，身体不要接触焊件，焊接、换钨极、送丝时要戴好焊工手套。钨极氩弧焊必须使用头戴式焊接面罩。

(2)确保工作场所无可燃物，做到有效通风，照明良好。

(3)焊机电源外壳必须有良好的接地或接零，焊枪绝缘手柄必须完整无缺。

(4)焊接时严格遵守电焊作业“十不烧”要求。

(5)手工钨极氩弧焊由于需要双手操作(一手送丝,一手紧握焊枪焊接),操作时动作要更稳、更细、更协调。

(6)焊道的引弧、连接和收弧的方法要正确。

(7)正确使用焊接设备,调节焊接电流。

(8)焊缝的引弧和连接处平滑,无局部过高、过宽现象,收弧处无缺陷。

(9)焊接结束电弧熄灭后,焊枪须停留 3~5 s,继续让未冷却的焊缝受到气体保护并加速冷却,防止氧化。

(10)焊接结束切断电源,工具放回指定位置,清扫工作场所,做到工完料清。

4. 操作过程(表 3-1)

表 3-1　钨极氩弧焊操作过程

序号	步骤	操作方法及说明	质量标准
1	劳防用品检查	帆布工作服、工作鞋、面罩、手套、防护眼镜等穿戴整齐	工作服、工作鞋等防护用品穿戴规范,无破损或遗漏
2	焊接设备、工具检查	检查接地线是否牢固,焊接电缆线、焊枪是否有破损	接地线牢固,电缆、焊枪表面无破损
3	试件清理	使用角向砂轮机将待焊处一定范围内的油漆、锈、水分及氧化皮等杂质清理干净	试件表面清洁、干燥、露出金属光泽
4	焊接参数调节	调节电流 I=80~100 A 气体流量 4~6 L/min	电流偏差不超过 10%
5	焊枪调节	采用左焊法,按右图要求调整焊枪与焊丝角度	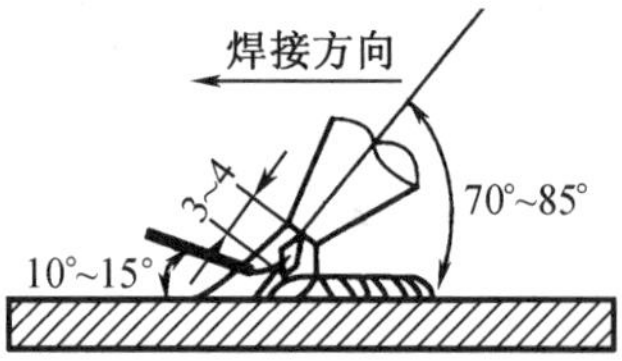

表 3-1(续)

序号	步骤	操作方法及说明	质量标准
6	起头	(1)按压开关引弧 (2)将电弧拉到板的端部 (3)预热 3~5 s (4)出现熔池后左手送入焊丝 (5)正常焊接	控制电弧弧长 4~5 mm,左手送丝使焊丝距离钨极尖部 4~5 mm
7	开始焊接	控制焊枪角度、摆动幅度、焊接速度、焊丝与钨极尖部及熔池的距离、给进量,严密监视熔池形状及焊道的宽度,运枪横摆速度要比焊条电弧焊慢得多。总体要求中间焊接速度快,两侧稍有停留	切忌底板无熔池送丝、焊丝抬高、电弧拉长超过 5 mm
8	接头	在引弧处引弧,后与起头要领相同	接头处过渡平滑
9	收弧	根据收弧处温度情况,适时采用灭弧法收弧,切忌将焊枪抬高,停止焊接后停留 3~5 s,预防收弧氧化,产生气孔	焊缝整齐美观,与母材过渡平滑
10	试件清理	用钢丝刷等工具将焊缝表面清理干净	焊缝周围无飞溅、焊接烟尘和引弧痕迹
11	焊后检验	使用手电筒、放大镜、焊接检验尺对焊缝进行外观检测	焊缝表面无缺陷,焊缝尺寸及其偏差在要求范围内
12	焊后安全检查	关闭电源、氩气,查火灾隐患、打扫场地	场地打扫干净,工具设备摆放整齐

问题情景一

钨极氩弧焊操作过程中,若不慎使焊丝与钨极相触碰怎么办?

提示　若焊丝与钨极相触碰,会发生瞬间短路造成焊缝污染和夹钨。应立即停止焊接,用砂轮打磨被污染处,直至露出金属光泽,被污染的钨极要重新磨尖后再继续施焊。

问题情景二

钨极氩弧焊时氩气流量大小对焊接质量有何影响?

提示　如果氩气流量过小,容易产生气孔、焊缝被氧化等缺陷;若氩气流量过大,则会产生紊流,使空气卷入焊接区,降低保护效果。实际生产中,孔径为 12~20 mm 的喷嘴,最佳氩气流量为 8~16 L/min。

5. 学习结果评价(表 3-2)

表 3-2 学习结果评价

序号	评价项目	评价标准	评分	得分
1	个人防护	帆布工作服、工作鞋、头戴式面罩、手套、防护眼镜等穿戴整齐、规范,无破损。漏做或未做,全扣	20	
2	焊前准备	配电箱完整、无漏电现象;焊接保护接地牢固;试板表面干净且露出金属光泽。每项 5 分	15	
3	焊接过程	焊接电流在 80~100 A;顺利引弧并稳定燃烧;收弧处弧坑饱满。每项 5 分。	15	
4	焊后检验	高度≤2 mm,高度差≤1 mm;宽度≤7 mm,宽度差≤2 mm;焊缝直线度≤2 mm;咬边深度≤0. 5 mm,咬边长度不超过总长度的 10%;接头处无过高、脱节、宽窄不一等现象;外观无气孔、裂纹、夹渣等缺陷。每项 5 分	30	
5	安全文明生产	无安全隐患、无违章操作。否则不得分	20	

3.1.5 课后作业

1. 填写操作流程

回顾钨极氩弧焊平敷焊操作过程,填写表 3-3。

表 3-3 操作流程要求

工作步骤	步骤简述	注意事项
引弧	(1)按压开关 (2)将电弧拉到板的________ (3)预热________ s (4)出现熔池后________送入焊丝 (5)正常焊接	控制电弧弧长________ mm,左手送丝使焊丝距离钨极尖部________ mm

表 3-3(续)

工作步骤	步骤简述	注意事项
开始焊接	控制焊枪_________、摆动_________、焊接速度、焊丝与钨极尖部及熔池的_________、给进量，严密监视熔池_________及焊道的_________，运枪横摆速度要比焊条电弧焊慢得多。总体要求中间焊接速度_________，两侧稍有_________	切忌底板_________送丝、焊丝_________、电弧拉长超过_________ mm。 钨极氩弧焊由于需要_________操作(一手_________，一手紧握_________焊接)，操作时动作要更稳、更细、更协调
接头	在引弧处_________，后与起头要领相同	调整稳定焊枪角度使钨极尖部距工件表面_________ mm，左手即按下_________面罩黑镜片开始焊接
收弧	根据收弧处温度情况，适时采用_________收弧，切忌将焊枪_________，停止焊接后停留_________ s，预防收弧_________，产生_________	焊接结束电弧熄灭后，焊枪须停留_________ s，继续让未冷却的焊缝受到气体保护并加速冷却，防止_________

2. 技能训练

通过多次、反复的练习，掌握钨极氩弧焊平敷焊基本操作要领，直到能完成符合标准要求的焊缝。

3. 流程描述

将钨极氩弧焊平敷焊操作时的工作流程进行详细的梳理，结合 5S 管理要求，写在作业本上。

任务 3.2　钨极氩弧焊的角接焊操作

3.2.1　核心概念

钨极氩弧焊、T 型接头、平角焊、立角焊(图 3-7)

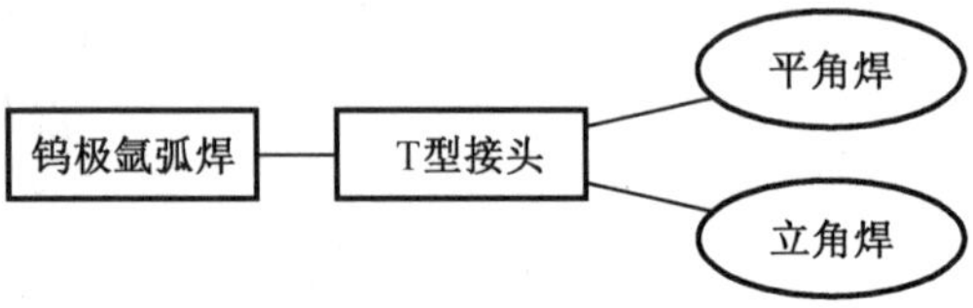

图 3-7　核心概念

3.2.2　学习目标

1. 能根据钨极氩弧焊焊接要求,正确选择工具和材料。

2. 能规范调试焊接设备,选择工艺参数。

3. 能规范完成钨极氩弧焊的平角焊、立角焊基本操作过程,包括单道焊、多层多道焊等。

4. 能分析多层多道焊层排列次序对平角焊、立角焊焊接质量的影响。

5. 能检验焊接效果与质量,改进与完善焊接操作。

3.2.3　基本知识

1. 氩气的危害和保护作用

在密闭的空间中,一定浓度的氩气会使人缺氧窒息死亡,因此焊接前必须做好通风,焊接对须有专人监护。

氩气能在电弧周围形成惰性气体层,机械地将空气与熔池、填充焊丝隔离,如图 3-8 所示。为了测定氩气保护效果,可采用铝板作为焊件,选择一定的焊接工艺参数,引燃电弧,垂直固定焊枪,5~10 s 后熄弧。此时观察铝板上的焊点。如果保护良好,则圆圈内光亮清晰,即为“有效保护区”;如果保护不好,就看不到光亮的圆圈,如图 3-9 所示。有效保护区直径可作为衡量保护效果的尺度。同样也可用不锈钢和钛合金材料进行测定试验。

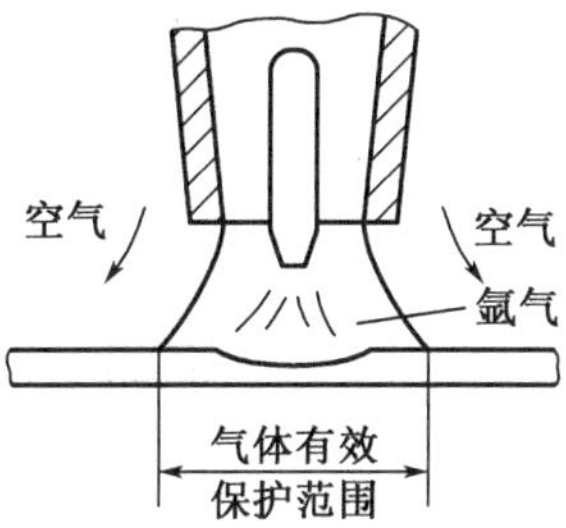

图3-8 保护范围

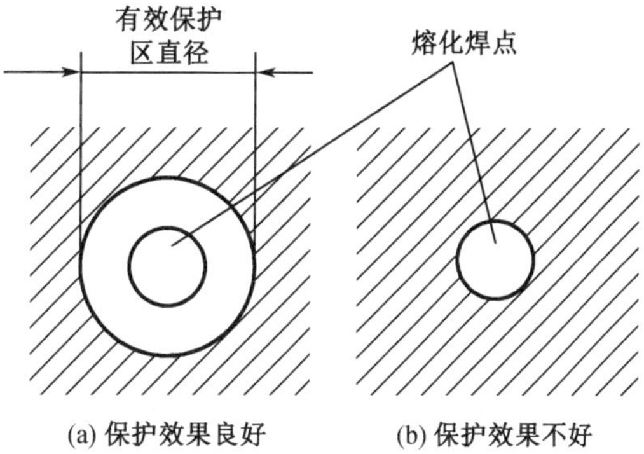

图3-9 保护效果

在实际生产中，对不锈钢、钛合金等材料的焊接，可以通过焊缝表面的颜色来判断气体保护的效果见表3-4。

表3-4 不锈钢的焊缝颜色与保护效果

焊缝颜色	银白、金黄色	蓝色	红灰色	灰色	黑色
保护效果	最好	良好	尚可	不良	最坏

氩弧焊气体保护的效果还与下列因素有关。

(1)氩气的纯度

氩气的纯度对焊接质量影响很大，不纯的氩气易使焊缝氧化，影响焊接质量，所以不同的母材材质对氩气的纯度有不同的要求。焊接碳钢、不锈钢等材料时，氩气的纯度≥99.95%；焊接铝、镁、铜及其合金时，氩气的纯度≥99.99%。

(2)气体流量

气体流量越大，保护效果越好，但流量过大，会造成保护层气体产生不规则流动，易使空气侵入，反而降低了保护效果，并且造成浪费。所以气体流量要选择恰当，一般8~12 mm直径的喷嘴，合适的氩气流量可以按下列经验公式计算：

$$Q=(0.8\sim1.2)D$$

式中 Q——氩气流量，L/min；

D——喷嘴直径，mm。

常用喷嘴直径为8~12 mm，所以合适的气体流量一般为7~10 L/min。

(3)喷嘴直径

喷嘴直径与气体流量同时增大，则保护区增大；但喷嘴直径过大时，则某些焊缝位部不易焊到且影响操作视线，从而影响焊接质量。一般的喷嘴直径主要根据钨棒直径来选择，以5~16 mm为宜。

(4)喷嘴至焊件的距离

喷嘴距离焊件越远,保护效果越差;距离过近会影响操作视线。一般焊接时,喷嘴至焊件的距离以5~15 mm较为适宜。

(5)焊接速度与外界气流

焊接速度过快,由于空气阻力对保护气层的影响,或者焊接时遇到侧向气流的侵袭,保护层可能偏离钨极和熔池,从而使保护效果变差,所以应选用合适的焊接速度,同时注意外界气流的影响。

(6)焊接接头形式

不同的接头形式会使气体产生不同的保护效果,如图3-10所示。焊接对接接头和T型接头时,由于氩气被挡住反射回来,所以保护效果较好;而搭接和角接接头,因空气容易侵入电弧区,所以保护效果较差,若要改善保护条件,可安放临时性的挡板,如图3-11所示。

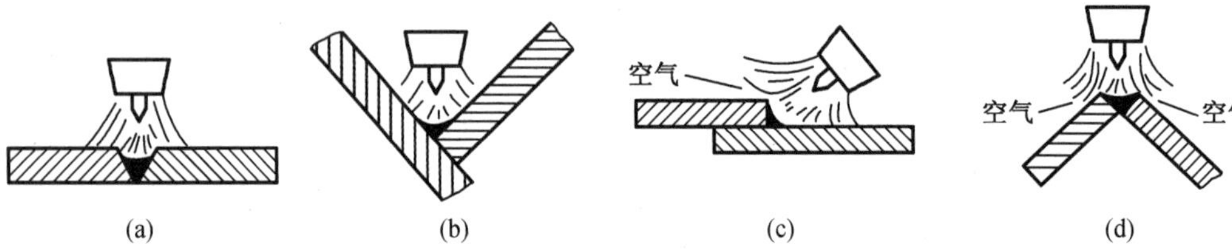

图3-10　不同接头形式氩气保护效果

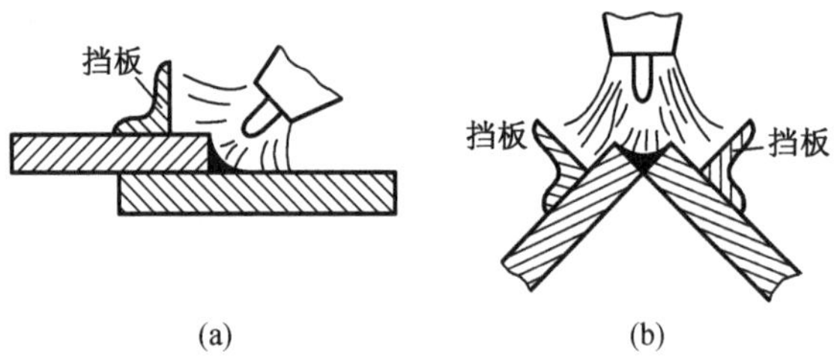

图3-11　安放临时挡板

(7)被焊金属材料

对于氧化与氮化非常敏感的金属及其合金(如钛和钛合金等),氩弧焊时要求有更好的保护效果,具体措施有加大喷嘴直径,必要时采用拖罩以增大保护区域,以及采用特殊装置对焊缝正反面进行保护。

此外,焊接电流、电弧电压、焊枪倾斜角度、填充焊丝送入情况等对保护效果均有一定影响。总之,为了获得质量满意的焊缝,在焊接时应综合考虑上述各因素。

2. 焊前清理

氩弧焊时，必须对被焊工件的焊缝附近及填充焊丝进行焊前清理，去除金属表面的氧化膜、油脂和水分等杂物，以确保焊接质量。清理方法随被焊工件的材质不同而不同。常用的清理方法如下。

（1）机械清理

机械清理较简单，而且效果好。通常对不锈钢焊件可用砂布打磨；铝及其合金焊件可用不锈钢丝刷或电动不锈钢丝轮或采用刮刀打磨，主要是清除焊件表面的氧化膜。机械清理后，可用丙酮去除油垢。

（2）化学清理

对于铝、镁、钛及其合金在焊前可进行化学清理，如采用硝酸或氢氧化钠等配成一定比例的溶液进行。

（3）化学加机械清理

大型焊件仅用化学清理往往不够彻底，因而在焊前还需要用钢丝轮或刮刀再清理焊缝的边缘。

此外，清理后的焊件和焊丝必须保持清洁，严禁再次污染，清理后应立即进行焊接。

3. 焊接电流与钨棒直径

焊接电流是钨极氩弧焊中最主要的工艺参数，主要根据焊件厚度和钨棒直径大小来选择，因为钨棒的直径决定了焊枪的结构尺寸、质量和冷却形式，直接影响焊工的劳动条件和焊接质量。因此，焊接电流和钨棒直径匹配要合适。如果钨棒较粗，焊接电流很小，由于电流密度低，钨极端部温度不够，电弧会在钨极端部不规则地漂移，电弧很不稳定，破坏了保护区，熔池易被氧化；当焊接电流超过了钨棒直径的最大电流时，由于电流密度太高，钨极端部温度达到或超过钨极的熔点，造成钨极端部熔化。如果电流继续增大时，钨极烧损严重，并且造成电弧不稳定，破坏了氩气保护区，使熔池被氧化，影响焊缝成形，而且熔化的钨极落入熔池后将会形成夹钨缺陷。

不同直径和材质钨棒的许用电流见表3-5。

表3-5 不同直径和材质钨棒的许用电流 （单位：A）

钨棒类型	钨极直径						
	1.0 mm	1.6 mm	2.0 mm	2.4 mm	3.0 mm	4.0 mm	5.0 mm
纯钨极	20~60	40~100	60~150	130~230	160~310	275~450	400~625
钍钨极	15~75	70~150	100~200	170~250	225~330	350~480	500~675
铈钨极	20~75	50~160	100~200	170~250	225~330	350~480	500~675

纯钨电极是氩弧焊接最早使用的电极，但在直流焊接条件下，该品种电极容易出现不起弧或维弧不稳定的情况，加入稀土氧化物能极大地改善这种情况，因此纯钨电极仅作为交流条件下的焊接电极或作为电阻焊电极。

钍钨电极是国外最常用的钨电极。其引弧容易，电弧燃烧稳定，但具有微量放射性，广泛应用于直流电焊接，通常用于碳钢、不锈钢、镍合金和钛金属的直流焊接。

铈钨电极是国内普遍采用的一种。电子发射能力较钍钨高，是理想的取代钍钨的非放射性材料。它适用于直流电或交流电焊接，尤其在小电流下对有轨管道、细小精密零件的焊接效果最佳。

当电流种类和大小变化时，为了保持电弧稳定，应将钨棒端部磨成不同形状，如图 3-12 所示。

一般在焊接薄板和焊接电流较小时可用小直径的钨极并将其末端磨成尖锥角，这样电弧易引燃和稳定。但在焊接电流较大时仍用尖锥形会因电流密度太大而使钨极末端过热、熔化烧损，电弧斑点会扩展到钨极末端的锥面上，使弧柱明显地扩散、飘荡不稳定而影响焊缝成形。因此，在大电流焊接时要求钨极末端磨成钝锥角或带有平顶的锥形，这样可以使电弧斑点稳定，弧柱扩散减小，对焊件的加热集中，焊缝成形良好。

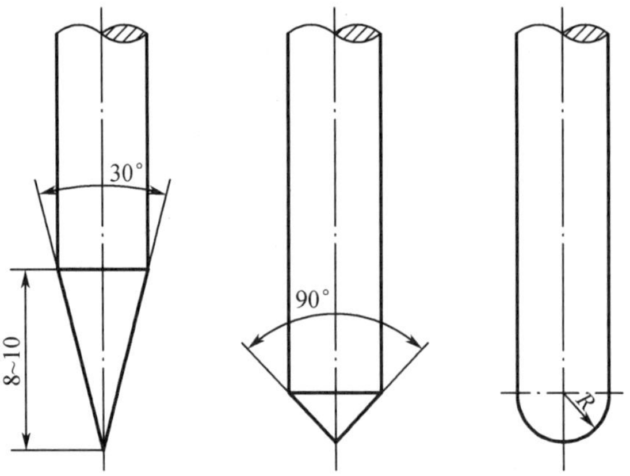

图 3-12　常用钨极端部的几何形状

钨极末端呈平顶锥形，钨极直径与锥形平顶直径之间的关系为

$$L=(2\sim4)d$$

$$d=\left(\frac{1}{4}-\frac{1}{3}\right)D$$

式中　L——锥形长度，mm；

D——钨极直径，mm；

d——锥形平顶最小直径,mm。

当采用交流电源时,因钨极受热较快,其端部在焊接过程中会变成球状,因此就可以采用这种球状钨极。球状钨极使用时不必先磨好,只要将斩断的钨棒稍加修磨后装入焊枪进行焊接,焊接时自然被电弧烧成球状即可。

4. 电弧电压

电弧电压的大小取决于电弧长度,随着电弧长度增加,电弧电压增大,焊缝宽度增大,熔深变浅。在保证电弧不短路的情况下,应尽量减小弧长,采用短弧焊接(3~4 mm 的电弧长度),一般电弧电压在 13~16 V。当电弧太长时,造成熔深浅,产生未焊透和气体保护不良现象。但电弧太短会引起填充焊丝进入熔池困难。若焊丝碰到钨极,会加快钨极烧损。同时电弧太短会使从喷嘴出来的保护气流冲击熔池,产生强烈反射,反而使空气混入熔池,破坏气体的保护效果。

5. 焊接工艺参数的选择

钨极氩弧焊的焊接参数主要有焊接电流、电弧电压、氩气流量、喷嘴直径、钨极伸出长度、焊丝直径、钨极直径、坡口形式、焊接层数、焊缝道数及预热温度等。选择焊接参数时,应根据不同的被焊金属材质、焊件厚度和结构形式等因素加以综合考虑。

3.2.4　能力训练

1. 任务描述

钨极氩弧焊平角焊、立角焊的主要工作任务是在两块钢板组成的 T 型接头上采用钨极氩弧焊的方法完成宽度均匀、成形美观的平角或立角焊缝;主要操作过程是在 T 型接头上根据平角焊或立角焊的位置要求,引燃电弧后移动焊枪形成符合要求的角焊缝,角焊缝的焊脚大小应符合要求,成形美观,焊缝表面及内部无夹渣、气孔等缺陷。作为一名焊接人员,该如何保证钨极氩弧焊平角焊和立角焊的焊缝质量呢?

2. 操作条件

(1)焊接设备采用 WS-200 弧焊整流器。

(2)试板采用低碳钢(Q235A),尺寸为 200 mm×200 mm×6 mm,平角焊和立角焊接头各采用两块试板。

(3)焊材材料:选用 TIG-50(ϕ2 mm);钨极:WCe-20(ϕ2.5 mm)。

(4)焊前清理:对于 T 型接头角焊缝,焊缝的两侧 20 mm 内要清理干净。采用砂轮机修磨或化学处理的方式去除板材表面的氧化膜、铁锈以及油和水等。

(5)装配定位焊,一般角焊缝要求焊缝间隙尽量小(0~1 mm)。定位焊一般在板材背面(非焊接一侧)进行,定位焊长度约 10 mm。一般定位焊两到三点即可,如图 3-13 所示。

3. 安全注意事项

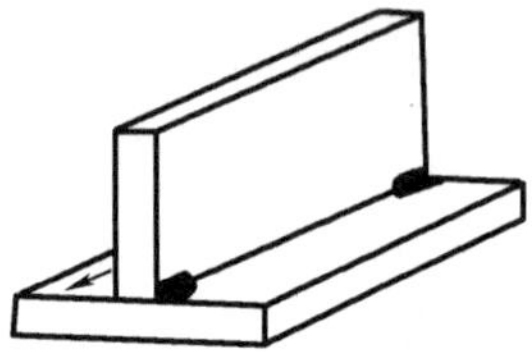

图 3-13　T 型接头装配定位

(1)正确使用焊接防护用品，身体不要接触焊件，焊接、换钨极、送丝时要戴好焊工手套。钨极氩弧焊必须使用头戴式焊接面罩。

(2)确保工作场所无可燃物，做到有效通风，照明良好。

(3)焊机电源外壳必须有良好的接地或接零，焊枪绝缘手柄必须完整无缺。

(4)焊接时严格遵守电焊作业“十不烧”要求。

(5)手工钨极氩弧焊由于需要双手操作(一手送丝，一手紧握焊枪焊接)，操作时动作要更稳、更细、更协调。

(6)焊道的引弧、焊接和收弧的方法要正确。

(7)正确使用焊接设备，调节焊接电流。

(8)焊缝的引弧和连接处平滑，无局部过高、过宽现象，收弧处无缺陷。

(9)焊接结束电弧熄灭后，焊枪须停留 3~5 s，继续让未冷却的焊缝受到气体保护并加速冷却，防止氧化。

(10)焊接结束切断电源，工具放回指定位置，清扫工作场所，做到工完料清。

4. 操作过程

(1)平角焊操作过程(表 3-6)

表 3-6　平角焊操作过程

序号	步骤	操作方法及说明	质量标准
1	劳防用品检查	帆布工作服、工作鞋、面罩、手套、防护眼镜等穿戴整齐	工作服、工作鞋等防护用品穿戴规范，无破损或遗漏
2	焊接设备、工具检查	检查接地线是否牢固，焊接电缆线、焊枪是否有破损	接地线牢固，电缆、焊枪表面无破损
3	试件清理	使用砂轮机将 T 型接头待焊处 20 mm 范围内的油漆、锈、水分及氧化皮等杂质清理干净，直至试板表面露出金属光泽	试件表面清洁、干燥、露出金属光泽

表 3-6(续 1)

序号	步骤	操作方法及说明	质量标准
4	试件装配	分别将两块试板装配成 90° 的 T 型接头，不留间隙，在两端进行定位焊，定位焊长度 8～10 mm。平角焊平行于地面放置	按平角焊操作位置进行装配
5	平角焊焊接参数调节	打底焊 I=80～90 A，U=12～14 V 盖面焊 I=80～95 A，U=12～16 V 钨极伸出长度：6～8 mm 焊丝：TIG-50（ϕ2 mm） 气体流量：6～10 L/min 喷嘴至试件距离：8～12 mm	电流、电压偏差不超过 10
6	平角焊打底焊操作	引弧前提前送气 5～10 s，以排除管路内的空气。在试板右端定位焊处引弧起弧，当钨极端部逐渐接近母材约 2 mm，按下焊枪上的电源开关，利用高频高压装置引燃电弧并向左焊接。 送丝时不能直接插入熔池。 焊枪与焊丝的夹角即焊丝与试件的相对位置如右图所示。 焊至试板左端收弧，待熔池冷却后再移开焊枪	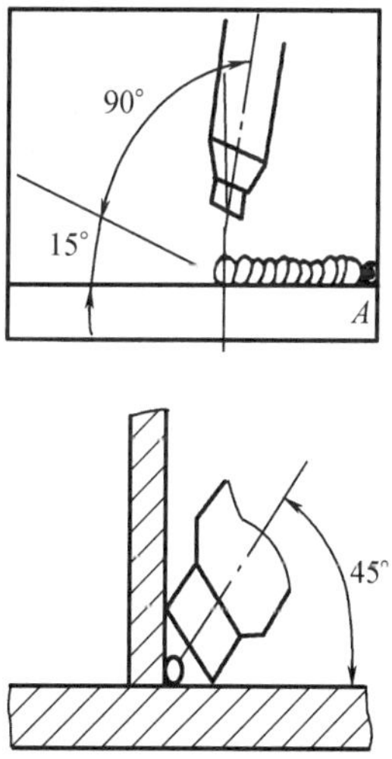

表 3-6(续 2)

序号	步骤	操作方法及说明	质量标准
7	平角焊盖面焊操作	盖面焊采用一层二道左向焊法。焊接时从焊道焊趾处开始,使熔池的上沿在焊道 1 的 2/3 处,熔池的下沿与底板均匀过渡。整体焊缝应略呈凹形	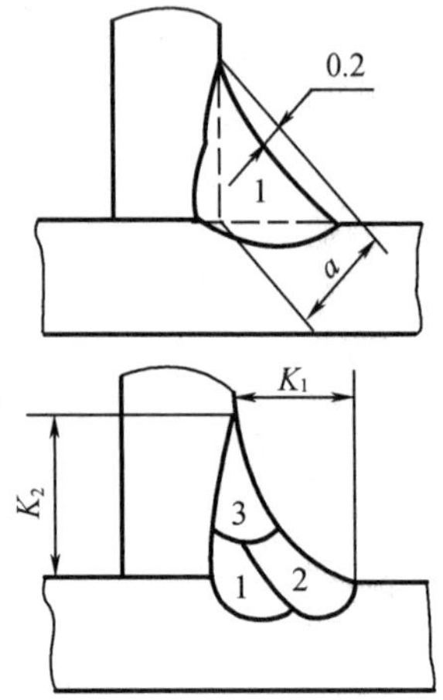
8	焊后清理	清理平角焊焊缝熔渣及飞溅等,打磨干净	焊缝表面无焊渣、飞溅等杂质残留,焊缝表面光顺
9	焊后检验	使用手电筒、放大镜、焊接检验尺对平角焊焊缝进行外观检测	焊缝表面无缺陷,焊脚尺寸及其偏差在要求范围内
10	焊后安全检查	关闭电源、检查火灾隐患、打扫场地	场地打扫干净、工具设备摆放整齐

(2)立角焊操作过程(表 3-7)

表 3-7 立角焊操作过程

序号	步骤	操作方法及说明	质量标准
1	劳防用品检查	帆布工作服、工作鞋、面罩、手套、防护眼镜等穿戴整齐	工作服、工作鞋等防护用品穿戴规范,无破损或遗漏
2	焊接设备、工具检查	检查接地线是否牢固,焊接电缆线、焊枪是否有破损	接地线牢固,电缆、焊枪表面无破损

表 3-7(续1)

序号	步骤	操作方法及说明	质量标准
3	试件清理	使用砂轮机将T型接头待焊处20 mm范围内的油漆、锈、水分及氧化皮等杂质清理干净,直至试板表面露出金属光泽	试件表面清洁、干燥、露出金属光泽
4	试件装配	分别将两块试板装配成90°的T型接头,不留间隙,在两端进行定位焊,定位焊长度8~10 mm。立角焊垂直于地面放置	按立角焊操作位置进行装配
5	立角焊焊接参数调节	打底焊 $I=75\sim85$ A,$U=15\sim17$ V 盖面焊 $I=85\sim100$ A,$U=15\sim17$ V 钨极伸出长度:6~8 mm 焊丝:TIG-50(ϕ2 mm) 气体流量:8~10 L/min 喷嘴至试件距离:10~14 mm	电流、电压偏差不超过10%
6	立角焊焊接操作	因重力作用,易出现凸状焊缝,注意掌握熔池的大小。立角焊时熔敷金属的流动与平焊不同,应注意焊缝不要出现咬边。熔池形成后再填丝,在熔池上方填丝	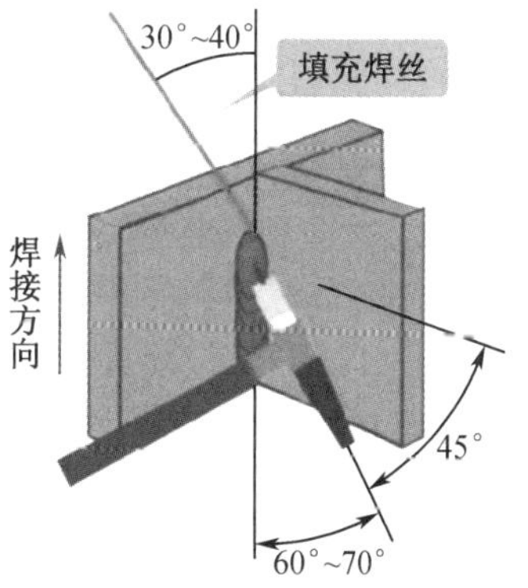
7	焊后清理	清理立角焊焊缝熔渣及飞溅等,打磨干净	焊缝表面无焊渣、飞溅等杂质残留,焊缝表面光顺
8	焊后检验	使用手电筒、放大镜、焊接检验尺对立角焊焊缝进行外观检测	焊缝表面无缺陷,焊脚尺寸及其偏差在要求范围内

表 3-7(续 2)

序号	步骤	操作方法及说明	质量标准
9	焊后安全检查	关闭电源、检查火灾隐患、打扫场地	场地打扫干净、工具设备摆放整齐

问题情景一

钨极氩弧焊平角焊时,钨极端部形状如何选择?

提示 1　钨极端部形状对焊缝成形及电弧稳定性有很大影响,直流氩弧焊正接时,钨极发热量小,为了使电弧集中,燃烧稳定,钨极端部磨成尖锥角形(图 3-14(a));反接大电流焊接时,钨极磨成平底锥形(图 3-14(b));交流焊接时,防止因极性变化而导致钨极烧损太大,将钨极端部磨成圆珠形(图 3-14(c))。

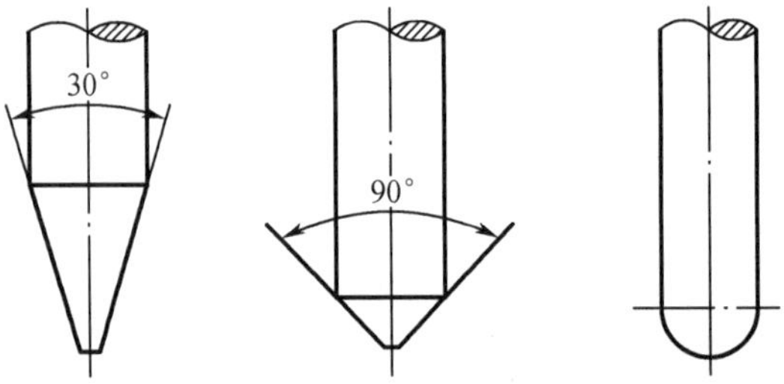

(a) 尖锥形　(b) 平底锥形　(c) 圆珠形

图 3-14　钨极端部形状

问题情景二

钨极氩弧焊平角焊后,焊缝表面出现气孔,原因是什么?怎样防止?

提示 1　平角焊接头及其附近清理不干净,或氩气不纯、流量过大或过小、钨极伸出喷嘴太长等原因。

提示 2　焊枪将焊丝、接头及其附近彻底清理干净,选择合适的气体流量或更换高纯度的氩气等。

5. 学习结果评价(表 3-8)

表 3-8　学习结果评价

序号	评价项目	评价标准	评分	得分
1	个人防护	帆布工作服、工作鞋、面罩、手套、防护眼镜等穿戴整齐、规范,无破损。漏做或未做,全扣	20	

表 3-8(续)

序号	评价项目	评价标准	评分	得分
2	焊前准备	配电箱完整、无漏电现象;焊接保护接地牢固;试板表面干净,露出金属光泽。每项 5 分	15	
3	焊接过程	焊接参数调整正确;电弧稳定燃烧;收弧处弧坑饱满。每项 5 分	15	
4	焊后检验	两侧焊脚偏差 0~2 mm;焊缝凸度 0~3 mm,凸度差≤2 mm;T 型接头角变形 0°~2°;咬边深度≤0.5 mm,累计长度≤10 mm;两侧焊脚偏差 0~1 mm;接头处无过高、脱节、宽窄不一等现象;外观无气孔、裂纹、夹渣等缺陷。每项最多扣 5 分	30	
5	安全文明生产	无安全隐患、无违章操作。否则不得分	20	

3.2.5　课后作业

1. 填写操作流程

回顾钨极氩弧焊平角焊和立角焊的操作过程,填写表 3-9。

表 3-9　操作流程要求

工作步骤	步骤简述	注意事项
试件清理	使用砂轮机将 T 型接头待焊处__________ mm 范围内的__________、__________、水分及氧化皮等杂质清理干净	打磨直至试板表面露出__________
平角焊焊接参数调节	打底焊 I=80~90 A,U=12~14 V 盖面焊 I=80~95 A,U=12~16 V 钨极伸出长度:6~8 mm 焊丝:TIG-50(ϕ2 mm) 气体流量:6~10 L/min 喷嘴直径:10~12 mm 喷嘴至试件距离:8~12 mm	钨极氩弧焊的焊接参数主要有__________、__________、氩气流量、__________、钨极伸出长度、__________、钨极直径等

表 3-9(续)

工作步骤	步骤简述	注意事项
平角焊打底焊操作	引弧前提前送气________ s,以排除管路内的________。在试板________定位焊处引弧起弧,当钨极端部逐渐接近母材约________ mm,按下焊枪上的电源开关,利用高频高压装置________电弧并向________焊接	送丝时不能直接________熔池。 焊至试板________收弧,待熔池________后再移开焊枪
平角焊盖面焊操作	盖面焊采用一层________左向焊法。焊接时从焊道________处开始,使熔池的上沿在焊道 1 的________处。熔池的下沿与底板________过渡	施焊过程中________和________要配合协调,避免焊后出现________现象。 整体焊缝应略呈________
立角焊焊接操作	因________作用,易出现________焊缝,注意掌握________的大小。熔池形成后再________,在熔池________填丝	立角焊时熔敷金属的流动与平焊不同,应注意焊缝不要出现咬边

2. 技能训练

通过反复练习,掌握基本操作要领,直到能独立完成符合标准的平角焊、立角焊焊缝。

3. 流程描述

将平角焊、立角焊的操作流程进行详细的梳理,结合 5S 管理要求,写在作业本上。

任务 3.3 钨极氩弧焊的板对接焊操作

3.3.1 核心概念

对接接头、平对接、立对接(图 3-15)

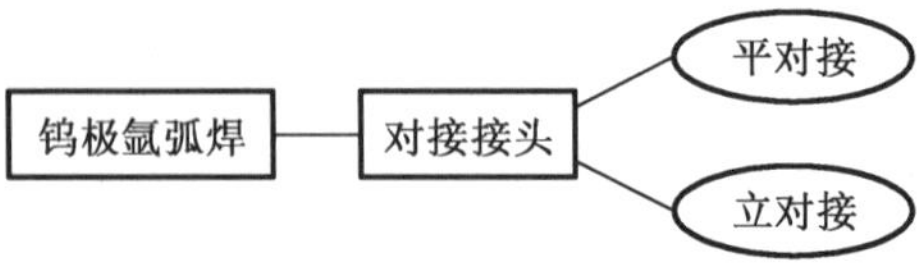

图 3-15 核心概念

3.3.2　学习目标

1. 能根据钨极氩弧焊焊接要求，正确选择工具和材料。

2. 能规范调试焊接设备，调节工艺参数。

3. 能规范完成钨极氩弧焊的板平对接、立对接焊的基本操作过程，包括打底层、填充层、盖面层等。

4. 能检验焊接效果与质量，改进与完善焊接操作。

5. 能养成严谨细致、精益求精的工匠品格，以及良好的安全文明操作习惯。

3.3.3　基本知识

1. 板平对接单面焊双面成形

低碳钢板平对接采用钨极氩弧焊时，焊缝呈水平悬空状态。采用左向焊法，右手握焊枪，左手填充焊丝，焊丝在喷嘴前端，可以清晰地观察到坡口根部熔化情况，操作方便。但液态金属受重力影响，若坡口根部焊穿时易产生下坠，因此必须严格控制熔池温度，电弧熔化坡口根部的速度应和焊丝的填充速度良好配合。

(1)引弧

钨极氩弧焊一般采用非接触引弧，借助高频振荡器，预先将喷嘴斜靠在坡口表面，当钨极端部与母材表面相隔2~3 mm时，打开焊枪开关，电弧在高频作用下引燃。电弧引燃后，将焊枪轻轻抬起，使电弧长度保持在2~3 mm，先对坡口根部两侧预热，使根部熔化形成熔池，即可填充焊丝。

(2)打底

焊打底焊时，焊枪与工件和填充焊丝之间的夹角如图3-16所示。焊枪采用横向锯齿形或月牙形摆动，电弧交替加热坡口根部两侧和焊丝端头，使电弧均匀熔化坡口两侧0.5~0.8 mm。左手握丝如图3-17所示，向熔池送进焊丝主要靠食指的推动作用，送丝时，要使焊丝端部始终处于氩气保护范围之中，焊丝始终距熔池中心1/3处，并且随熔池中心移动而移动。打底焊后焊缝一般厚度为2~3 mm。

(3)收弧

收弧前将焊丝速度稍稍加快，并将电弧向坡口任意一侧转移，填满弧坑即可，但要注意滞后停气，待熔池冷却呈暗红色后，再将焊枪移开，以免空气介入熔池产生气孔。

(4)接头

接头前首先将熔池表面的氧化物清理干净。在熔池一侧引弧，引弧后在熔池下坡处进行横向摆动预热，当熔孔周围熔化后，开始送进焊丝。

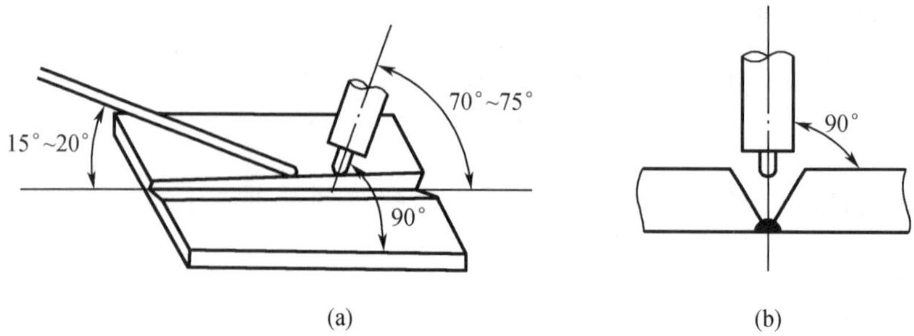

图 3-16　焊枪角度示意图

(5)填充焊

填充层为一层。填充层焊时焊枪角度与打底层焊时一致,焊枪在坡口内的摆动幅度要大些,注意坡口两侧的停留时间,使之良好熔合。填丝速度要视焊缝表面与坡口的距离和焊接速度而定,保证熔滴均匀落入焊接熔池。填充层焊接完成后,焊缝表面距试件表面的距离为 0.5~1 mm,并不得烧损坡口边缘棱角。

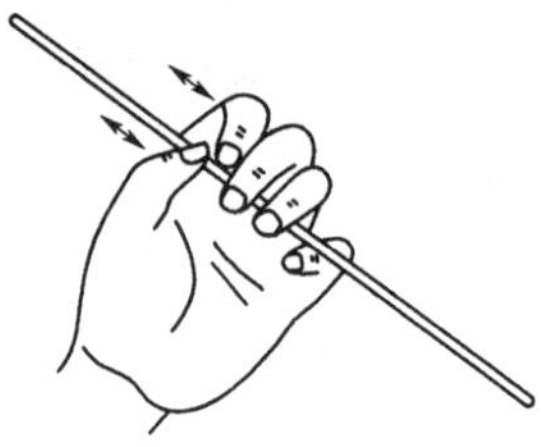

图 3-17　焊丝送进

(6)盖面焊

盖面层焊接时焊枪角度即填丝角度与前述打底层和填充层焊接时相同,但焊枪摆动幅度应进一步加大,焊枪摆动至坡口边缘每侧 0.5~1 mm,填丝要均匀,熔池要饱满,以免产生咬边等缺陷。

2. 板立对接单面焊双面成形

低碳钢板立对接钨极氩弧焊时,熔池金属在重力作用下易产生下坠,焊缝成形相对困难,若操作不当,易在焊缝背面产生焊瘤和咬边等缺陷。因此,焊接过程中应选用较小的焊接电流和合适的焊枪角度来控制熔池尺寸和温度,从而获得良好的焊缝成形。

(1)引弧

间隙小的一端为始焊端,焊接方向自下向上,右手握焊枪,左手握焊丝。引弧前提前供气 5~10 s,然后将喷嘴以 45°位置斜靠在坡口内,使钨极端面距离母材表面 2~3 mm,启动焊枪开关,引燃电弧。电弧引燃后,对坡口根部两侧进行预热,待根部熔化后,即可填丝焊接。

(2)打底焊

立对接焊时焊枪角度与填丝角度如图 3-18 所示。焊枪摆动方法为反月牙形。电弧运至坡口两侧时要稍作停留,保证坡口两侧熔合良好。焊接过程中,电弧应交替加热坡口根部和焊丝端头。注意控制熔孔形状和尺寸,一般熔孔形状应为横向椭圆形,熔孔大小与电弧熔化后坡口每侧 0.5~1 mm 为宜。

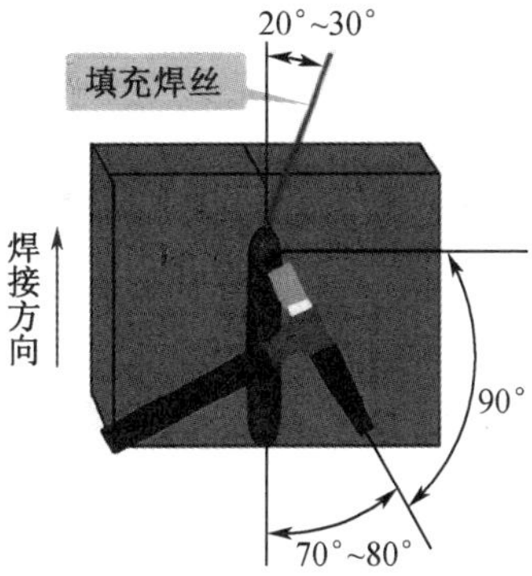

图 3-18　焊枪角度与填丝角度

(3)收弧

收弧前应适当加快送丝速度,填满弧坑后,将电弧移向坡口一侧停弧。待熔池稍微冷却后,再将焊枪拿开,以防熔池在高温下氧化或产生冷缩孔。

(4)接头

接头前,先用电弧将收弧处加热至熔化状态,然后将熔孔扩大到正常尺寸,送进焊丝接头焊接。

(5)填充焊

填充层焊接时的操作方法与打底焊时相同,但焊枪横向摆动幅度应大些,焊枪摆动至焊缝两侧应稍作停顿,以保证焊道表面平整,熔合良好。焊枪摆动应平稳缓慢,不得晃动,以免破坏气流保护,使空气介入。填充层焊完后焊缝表面应距试件母材表面 1~1.5 mm。

(6)盖面焊

盖面层焊接前将填充层焊缝表面清理干净。盖面层焊接时操作方法与填充层焊接基本相同,但焊枪横向运行幅度应继续增大。电弧运至坡口两侧时要深入坡口边缘棱角 1~2 mm,并将电弧稍稍缩短,以减小熔池尺寸,防止咬边的产生。

3.3.4　能力训练

1. 任务描述

钨极氩弧焊板平对接、立对接的主要工作任务是在两块钢板组成的对接接头上采用钨极氩弧焊的方法完成宽度均匀、成形美观的平对接或立对接焊缝;主要操作过程是在对接接头上根据平对接或立对接的位置要求,引燃电弧后移动焊枪形成符合要求的对接缝,对接焊缝的尺寸应符合要求,成形美观,焊缝表面及内部无裂纹、气孔等缺陷。作为一名焊接人员,该如何顺利完成钨极氩弧焊平对接和立对接的焊接操作呢?

2. 操作条件

（1）焊接设备采用 WS-300 弧焊整流器。

（2）试板采用低碳钢（Q235A），尺寸为 300 mm×100 mm×6 mm，平对接和立对接焊接各采用两块试板，坡口角度 60°±2°。

（3）焊材材料：选用 TIG-50（ϕ2.4 mm）；钨极：W Ce-20（ϕ2.5 mm）；氩气纯度≥99.95%，氩气流量 8~10 L/min，喷嘴直径 10~14 mm，钨极伸出长度 6~8 mm。

（4）焊前清理：将对接接头坡口内部及其附近两侧 20 mm 内清理干净。采用砂轮机修磨或化学处理的方式去除板材表面的氧化膜、铁锈以及油和水等。试件表面应打磨至露出金属光泽。

（5）装配定位焊，在对接接头的两端坡口内进行定位焊，定位焊长度一般为 15~20 mm，定位焊缝作为正式焊缝留在试件中，因此不允许有缺陷。间隙控制在 2.5~3 mm，预设反变形 2°。

（6）平对接打底层焊接电流 90~100 A，电压 15~17 V；填充层焊接电流 90~100 A，电压 15~17 V；盖面层焊接电流 100~110 A，电压 15~17 V。

立对接焊打底层焊接电流 75~85 A，电压 15~17 V；填充层焊接电流 85~100 A，电压 15~17 V；盖面层焊接电流 85~100 A，电压 15~17 V。

3. 安全及注意事项

（1）正确使用焊接防护用品，身体不要接触焊件，焊接、换钨极、送丝时要戴好焊工手套。钨极氩弧焊必须使用头戴式焊接面罩。

（2）确保工作场所无可燃物，做到有效通风，照明良好。

（3）焊机电源外壳必须有良好的接地或接零，焊枪绝缘手柄必须完整无缺。

（4）焊接时严格遵守电焊作业“十不烧”要求。

（5）手工钨极氩弧焊由于需要双手操作（一手送丝，一手紧握焊枪焊接），操作时动作要更稳、更细、更协调。

（6）焊道的引弧、连接和收弧的方法要正确。

（7）正确使用焊接设备，调节焊接电流。

（8）焊缝的引弧和连接处平滑，无局部过高、过宽现象，收弧处无缺陷。

（9）焊接结束电弧熄灭后，焊枪须停留 3~5s，继续让未冷却的焊缝受到气体保护并加速冷却，防止氧化。

（10）焊接结束切断电源，工具放回指定位置，清扫工作场所，做到工完料清。

4. 操作过程

(1)平对接操作过程(表 3-10)

表 3-10　平对接操作过程

序号	步骤	操作方法及说明	质量标准
1	劳防用品检查	帆布工作服、工作鞋、面罩、手套、防护眼镜等穿戴整齐	工作服、工作鞋等防护用品穿戴规范,无破损或遗漏
2	焊接设备、工具检查	检查接地线是否牢固,焊接电缆线、焊枪是否有破损,供气系统、水路等状态是否完好	接地线牢固,电缆、焊枪表面无破损,供气系统、水路等状态完好
3	试板焊前清理	将对接接头坡口内部及其附近两侧 20 mm 内清理干净。采用砂轮修磨或化学处理的方式去除板材表面的氧化膜、铁锈以及油和水等。试件表面应打磨至露出金属光泽	试件表面清洁、干燥、露出金属光泽
4	试件装配	根据位置要求装配平对接接头,在两端坡口内进行定位焊,定位焊长度一般为 15~20 mm,定位焊缝作为正式焊缝留在试件中,不允许有缺陷。间隙控制在 2. 5~3 mm,预设反变形 2°	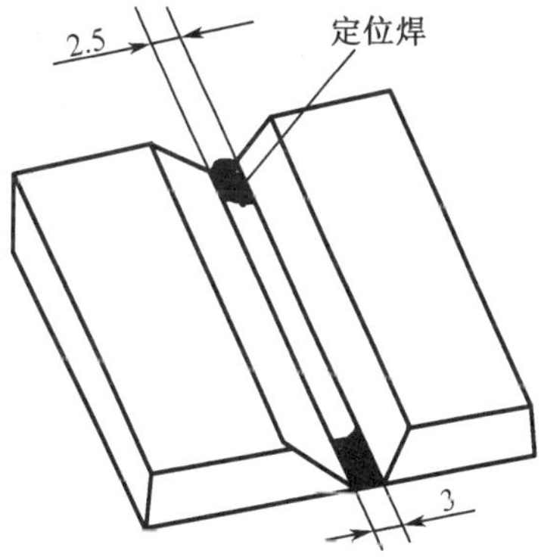
5	平对接焊接参数调节	平对接打底层焊接电流 90~100 A,电压 15~17 V;填充层焊接电流 90~100 A,电压 15~17 V;盖面层焊接电流 100~110 A,电压 15~17 V	电流、电压偏差不超过 10%

表 3-10(续)

序号	步骤	操作方法及说明	质量标准
6	平对接打底焊操作	打底焊时,焊枪采用横向锯齿形或月牙形摆动,电弧交替加热坡口根部两侧和焊丝端头,使电弧均匀熔化坡口两侧 0.5~0.8 mm。左手握丝向熔池送进焊丝主要靠食指的推动作用。送丝时,要使焊丝端部始终处于氩气保护范围之中,焊丝始终距熔池中心 1/3 处,并且随熔池中心移动而移动。打底焊后焊缝一般厚度为 2~3 mm	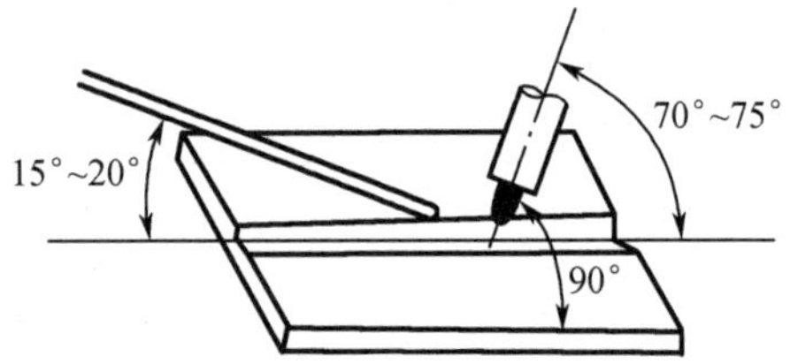 (a) 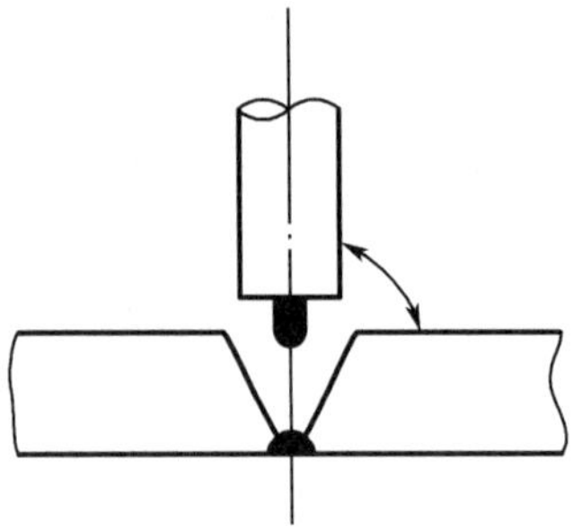 (b)
7	平对接填充层操作	填充层焊时焊枪角度与打底层一致,焊枪在坡口内的摆动幅度要大些,注意坡口两侧的停留时间,直至良好熔合。填丝速度要视焊缝表面距坡口的距离和焊接速度而定,保证熔滴均匀落入焊接熔池	填充层焊接完成后,焊缝表面与试件表面的距离为 0.5~1 mm,并不得烧损坡口边缘棱角
8	平对接盖面焊操作	盖面层焊接时焊枪角度即填丝角度与前述打底层和填充层焊接相同,但焊枪摆动幅度应进一步加大	焊枪摆动至坡口边缘每侧 0.5~1 mm,填丝要均匀,熔池要饱满,以免产生咬边等缺陷
9	焊后清理	清理平对接焊缝熔渣及飞溅等,打磨干净	焊缝表面无焊渣、飞溅等杂质残留,焊缝表面均匀光顺
10	焊后检验	使用手电筒、放大镜、焊接检验尺对平对接焊缝进行外观检测	焊缝表面无气孔、裂纹等缺陷,焊缝成形尺寸及其偏差在要求范围内
11	焊后安全检查	关闭电源、检查火灾隐患、打扫场地	场地打扫干净、工具设备摆放整齐

(2)立对接操作过程(表3-11)

表3-11 立对接操作过程

序号	步骤	操作方法及说明	质量标准
1	劳防用品检查	帆布工作服、工作鞋、面罩、手套、防护眼镜等穿戴整齐	工作服、工作鞋等防护用品穿戴规范,无破损或遗漏
2	焊接设备、工具检查	检查接地线是否牢固,焊接电缆线、焊枪是否有破损,供气系统、水路等状态是否完好	接地线牢固,电缆、焊枪表面无破损,供气系统、水路等状态完好
3	试板焊前清理	将对接接头坡口内部及其附近两侧20 mm内清理干净。采用砂轮机修磨或化学处理的方式去除板材表面的氧化膜、铁锈、油和水等。试件表面应打磨至露出金属光泽	试件表面清洁、干燥、露出金属光泽
4	试件装配	根据位置要求装配立对接接头,在两端坡口内进行定位焊,定位焊长度一般为15~20 mm,定位焊缝作为正式焊缝留在试件中,不允许有缺陷。间隙控制在2.5~3 mm,预设反变形2°	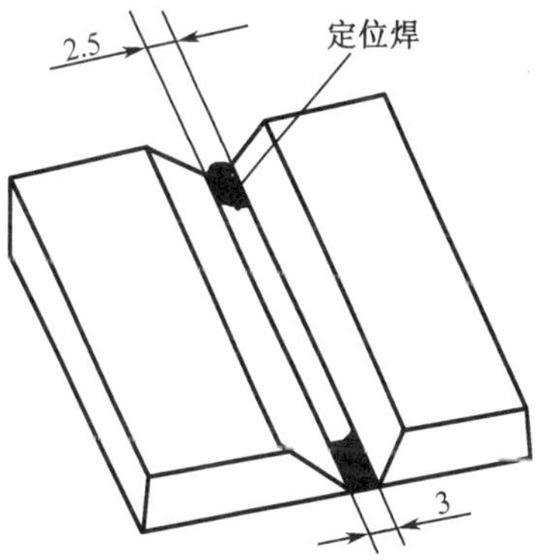
5	立对接焊接参数调节	立对接焊打底层焊接电流75~85 A,电压15~17 V;填充层焊接电流85~100 A,电压15~17 V;盖面层焊接电流85~100 A,电压15~17 V	电流、电压偏差不超过10%

表 3-11(续)

序号	步骤	操作方法及说明	质量标准
6	立对接打底焊焊接操作	立对接焊时焊枪角度与填丝角度如右图所示。焊丝摆动方法为反月牙形。电弧运至坡口两侧时要稍作停留,保证坡口两侧熔合良好。焊接过程中,电弧应交替加热坡口根部和焊丝端头。注意控制熔孔形状和尺寸,一般熔孔形状应为横向椭圆形,熔孔大小与电弧熔化后坡口每侧 0.5~1 mm 为宜	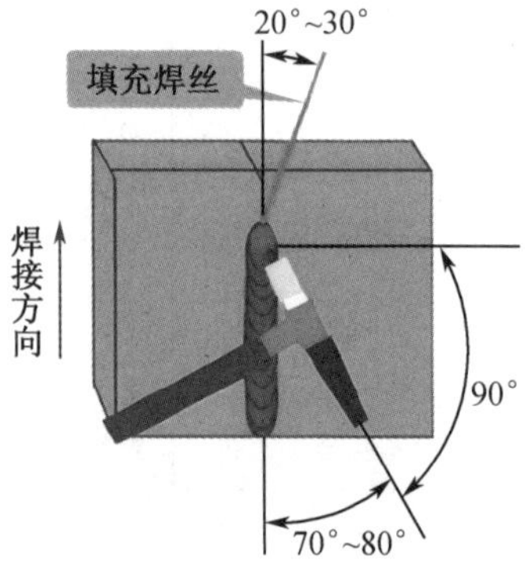
7	立对接填充焊操作	填充层焊接时的操作方法与打底焊时相同,但焊枪横向摆动幅度应大些,焊枪摆动至焊缝两侧应稍作停顿,以保证焊道表面平整,熔合良好。焊枪摆动应平稳缓慢,不得晃动,以免破坏气流保护,使空气介入	填充层焊完后焊缝表面应距试件母材表面 1~1.5 mm
8	立对接盖面焊操作	盖面层焊接时操作方法与填充层焊接基本相同,但焊枪横向运行幅度应继续增大。 电弧运至坡口两侧时要深入坡口边缘棱角 1~2 mm,并将电弧稍稍缩短,以减小熔池尺寸,防止咬边的产生	盖面层焊接前将填充层焊缝表面清理干净
9	焊后清理	清理立对接焊缝熔渣及飞溅等,打磨干净	焊缝表面无焊渣、飞溅等杂质残留,焊缝表面均匀光顺
10	焊后检验	使用手电筒、放大镜、焊接检验尺对立对接焊缝进行外观检查	焊缝表面无气孔、裂纹等缺陷,焊缝成形尺寸及其偏差在要求范围内
11	焊后安全检查	关闭电源、检查火灾隐患、打扫场地	场地打扫干净、工具设备摆放整齐。

问题情景一

平对接手工钨极氩弧焊时,应注意哪些事项?

提示　定位焊有缺陷的,必须将缺陷磨掉,不允许用重熔处理缺陷;打底焊时尽量采用短弧焊接,焊枪尽可能不摆动;盖面焊时,送丝要均匀,快慢适当;收弧时多送几滴熔滴填满弧坑;操作时应双手配合协调。

问题情景二

怎样正确使用手工钨极氩弧焊机?

提示　工作前熟悉焊接使用方法;焊机电缆接线连接正确,外壳必须可靠接地;检查水路、气路连接是否良好;工作完毕或临时离开工作现场,必须切断电源,关闭水源及气瓶阀门。

5. 学习结果评价(表 3-12)

表 3-12　学习结果评价

序号	评价项目	评价标准	评分	得分
1	个人防护	帆布工作服、工作鞋、面罩、手套、防护眼镜等穿戴整齐、规范,无破损。漏做或未做,全扣	20	
2	焊前准备	配电箱完整、无漏电现象;焊接保护接地牢固;试板表面干净,露出金属光泽。每项 5 分	15	
3	焊接过程	焊接参数调整正确;电弧稳定燃烧;收弧处弧坑饱满。每项 5 分	15	
4	焊后检验	焊缝宽度整齐,宽度差≤2 mm;焊缝余高≤3 mm,高度差≤2 mm;焊缝咬边深度≤0.5 mm,累计长度≤10 mm;试板角变形≤1°,无错边;背面高度≤3 mm,高度差≤2 mm,无内凹,正反面焊缝表面无气孔、裂纹、夹渣等缺陷。每项最多扣 5 分	30	
5	安全文明生产	无安全隐患、无违章操作,焊接结束场地清理干净。否则不得分	20	

3.3.5 课后作业

1. 填写操作流程

回顾钨极氩弧焊平对接和立对接焊的操作过程，填写表 3-13。

表 3-13 操作流程要求

工作步骤	步骤简述	注意事项
试件清理	将对接接头坡口__________及其附近两侧__________mm 内清理干净。采用砂轮修磨或化学处理的方式去除板材表面的氧化膜、铁锈以及油和水等	试件表面应__________至露出__________光泽
平对接打底焊	打底焊时，焊枪采用横向__________或__________摆动，电弧交替加热坡口根部两侧和焊丝端头，使电弧均匀熔化坡口两侧________mm 左右。左手握丝向熔池送进焊丝主要靠__________的推动作用。送丝时，要使焊丝端部始终处于__________保护范围之中	送丝时焊丝始终距熔池中心__________处，并且随熔池中心移动而移动。打底焊后焊缝一般厚度为__________mm
平对接填充焊	填充层焊时焊枪角度与打底层一致，焊枪在坡口内的摆动幅度要__________些，注意坡口两侧的__________时间，使之良好熔合。填丝速度要视焊缝表面距坡口的距离和焊接速度而定，保证熔滴均匀落入焊接熔池	填充层焊接完成后，焊缝表面与试件表面的距离为__________mm 左右，并不得烧损__________边缘棱角
平对接盖面焊	盖面层焊接时焊枪角度即填丝角度与前述打底层和填充层焊接时__________，但焊枪摆动幅度应进一步__________	焊枪摆动至坡口边缘每侧__________mm，填丝要均匀，熔池要饱满，以免产生咬边等缺陷
立对接打底焊	立对接焊时焊丝摆动方法为__________形。电弧运至坡口两侧时要稍作__________，保证坡口两侧熔合良好，焊接过程中，电弧应交替加热坡口__________和焊丝__________	注意控制__________形状和尺寸，一般__________形状应为横向椭圆形，熔孔大小与电弧熔化后坡口每侧__________mm 为宜

表3-13(续)

工作步骤	步骤简述	注意事项
立对接填充焊	填充层焊接时的操作方法与打底焊__________，但焊枪横向摆动幅度应__________些，焊枪摆动至焊缝两侧应稍作停顿，以保证焊道表面平整，熔合良好	焊枪摆动应平稳__________，不得晃动，以免破坏__________保护，使空气介入。 填充层焊完后焊缝表面应距试件母材表面__________ mm
立对接盖面焊	盖面层焊接时操作方法与填充层焊接时基本__________，但焊枪横向运行幅度应继续__________。电弧运至坡口两侧时要深入坡口边缘棱角__________ mm，并将电弧稍稍缩短，以减小熔池尺寸，防止咬边的产生	盖面层焊接前将填充层焊缝表面__________净

2. 技能训练

通过反复练习，掌握基本操作要领，直到能独立完成复合标准的钨极氩弧焊平对接、立对接焊缝。

3. 流程描述

将钨极氩弧焊平对接、立对接的操作流程进行详细的梳理，结合5S管理要求，写在作业本上。

任务3.4　钨极氩弧焊的管子对接焊(2G、5G)操作

3.4.1　核心概念

钨极氩弧焊、焊接位置、2G、5G(图3-19)

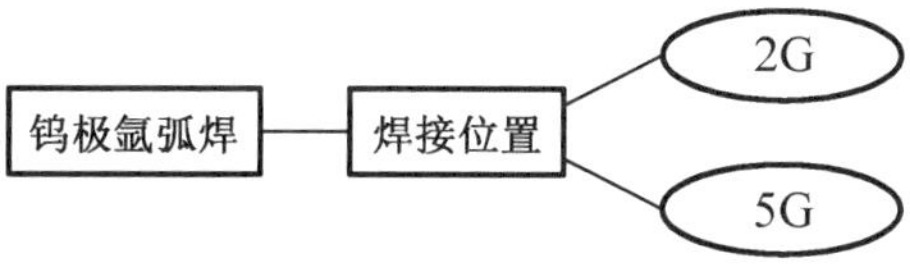

图3-19　核心概念

3.4.2 学习目标

1. 能根据钨极氩弧焊焊接要求,正确选择工具和材料。

2. 能规范调试焊接设备,调节管子对接 2G 和 5G 位置的焊接工艺参数。

3. 能规范完成钨极氩弧焊的 2G 和 5G 管子对接焊的基本操作过程,包括打底层、填充层、盖面层等。

4. 能检验焊接效果与质量,改进与完善焊接操作。

5. 能养成严谨细致、精益求精的工匠品格,以及良好的安全文明操作习惯。

3.4.3 基本知识

钨极氩弧焊可焊接多种金属,如碳钢、不锈钢、耐热钢、钛合金、铝合金、镁合金等。其中不锈钢等材质焊缝质量要求高,采用钨极氩弧焊可以获得满意的效果。

1. 碳钢 2G 管子对接焊(垂直固定位置,以 ϕ108×8 mm V 形坡口管子对接为例)

碳钢管 2G 管子对接焊单面焊双面成形时,接头处于横向位置,焊枪角度与填丝角度随焊接方向的变化不断发生变化。焊枪摆动方式采用斜向上下摆动,电弧在坡口上侧的停顿时间应长于坡口下侧,在坡口上侧的填丝速度也应稍快于坡口下侧。

将装配好的试件固定在焊接工位架上,始焊点在 6 点钟位置。引弧施焊,焊接方向自右向左,焊枪和焊丝与试件表面的夹角如图 3-20 所示。

(1)引弧

在 6 点钟方向坡口内侧空间引弧(图 3-21),电弧引燃后,将焊枪坡口根部作上、下划圈预热,当根部熔化形成熔孔后,即在坡口根部上、下两侧各送给一滴液态金属,摆动焊枪形成搭桥连接,然后开始正常焊接。

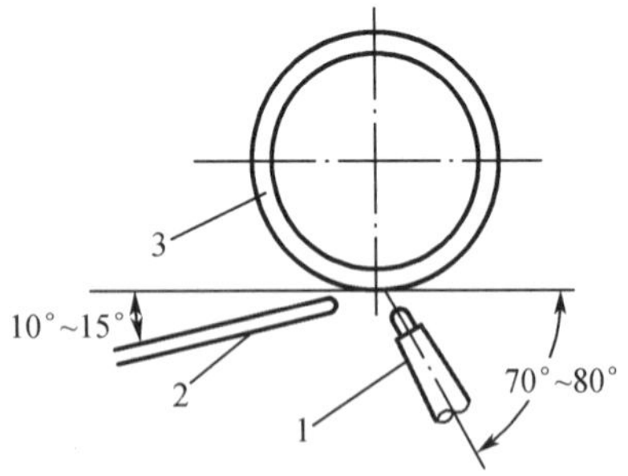

图 3-20 焊枪角度(即填丝角度)

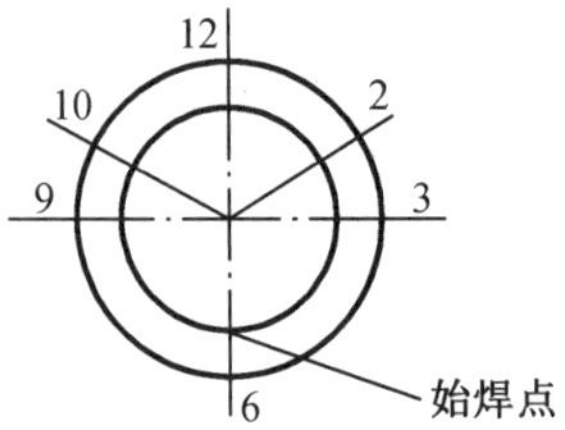

图 3-21 始焊点位置

(2)打底焊

打底焊时,注意控制钨极端部与熔池间距。距离太近,易造成钨极与熔池、焊丝发生接触,使钨极烧损及夹钨;距离太远,试件易产生未焊透,且气体保护效果变差产生气孔。焊丝填充时,应使焊丝端部从上侧坡口斜拉向下侧坡口根部,保证电弧一半用来熔化金属使之形成均匀焊缝,一半用来打开熔孔,保证背面焊缝成形。填丝时,动作要轻,以免扰乱氩气保护层流,焊丝端部要始终在氩气保护范围内,往复间断地将熔滴送入熔池前方,送丝速度要均匀。打底焊时应注意控制熔孔尺寸,一般以熔化坡口上侧 1 mm,下侧 0.5 mm 为宜。

在管封口焊时应注意,当焊枪运行至距定位焊缝或始焊端 3~5 mm 时,对焊枪角度进行调整,使焊枪与焊接方向夹角为 85°~90°,且暂时中断送丝,用电弧在封口部位周围画圈预热至熔化状态后,再填丝焊接,封口后继续向前施焊 5~10 mm 停弧。停弧后,不要立即抬起焊枪,保持 5~10 s,待熔池冷却下来再将焊枪移开。

(3)盖面焊

薄壁管的焊接在打底焊结束后,可直接进行盖面层的焊接。盖面层焊接时所采用的焊枪角度及填丝角度与打底焊相同。盖面层分两道进行焊接,先焊下面,后焊上面。第一道焊接时,电弧要对准打底层下侧焊缝的边缘,待焊缝呈熔化状态后,填丝焊接,仍采用上、下斜拉锯齿形运弧方法,焊接熔池下侧要超出管坡口边缘棱角 0.5~1.5 mm,熔池上侧要超出打底焊缝中心,至打底焊缝中心 3/4 处。第二道焊缝焊接时,电弧对准第一道焊缝的上边缘,熔池上边缘要超出管子坡口 0.5~1 mm,熔池下边缘与第一道焊缝中心圆滑过渡。第二道焊缝焊接方法与前道相同,但焊接速度要适当加快,并适当减少填丝量,以防熔池下坠。盖面层焊接时,钨极端部与熔池表面的距离要稍小些,以 1.5~2 mm 为宜。

2. 碳钢 5G 管子对接焊(水平固定位置,以 ϕ108 mm×8 mm V 形坡口管子对接为例)

碳钢管 5G 管子对接焊单面焊双面成形时,分别经过仰焊—立焊—平焊等几种不同位置的变换。焊接过程中,焊枪角度和填丝方法应根据焊接位置的变化而不断变化。焊前将装配好的试件水平固定在焊接工位架上,始焊点在距离 6 点钟位置 5~10 mm 处,由底向上分两半部分进行焊接,可先从逆时针方向开始焊接。

(1)引弧

在管子底部仰焊位置坡口内侧空间引燃电弧,电弧引燃后在坡口根部间隙两侧用焊枪画圈预热,待坡口两侧根部熔化形成熔孔后,由管内侧紧贴熔孔送进焊丝,填丝方法如图 3-22 所示。在根部熔化边缘两侧各送一滴液态金属,通过焊枪横向摆动,使之形成搭桥连接。

(2)打底焊

应根据焊接位置的不同变换填丝方法,在仰焊及仰焊爬坡焊位置时,宜采用内填丝方式,即通过坡口间隙,将焊丝插入管内,由管内侧向熔池过渡熔滴,这样可以避免背面焊缝产生内凹。当在立焊及立爬坡焊及平焊位置时,多采用外填丝法,外填丝法操作方便,且视线清晰。

打底焊时注意掌握合适的焊枪角度和填丝角度。在仰焊位置时,焊枪与焊接方向夹角为 70°~80°,焊丝与管内侧周向夹角为 15°~25°,至立焊位置时,焊枪与焊接方向夹角增加至 90°~105°,将焊丝填充方法改为外填丝法,焊丝与试管外壁焊接方向夹角为 10°~15°。打底焊时注意焊枪摆动方法,一般以锯齿形或月牙形摆动为宜。电弧熔化坡口每侧 0.5~1 mm 左右,焊丝的送进要紧贴熔池,焊丝端部跟随电弧行走做小幅度横向摆动,摆动中注意不得使焊丝与钨极端部接触,以免烧损钨极。焊枪摆动速度在坡口中间稍快,在坡口根部两侧稍加停顿,以控制熔池温度。

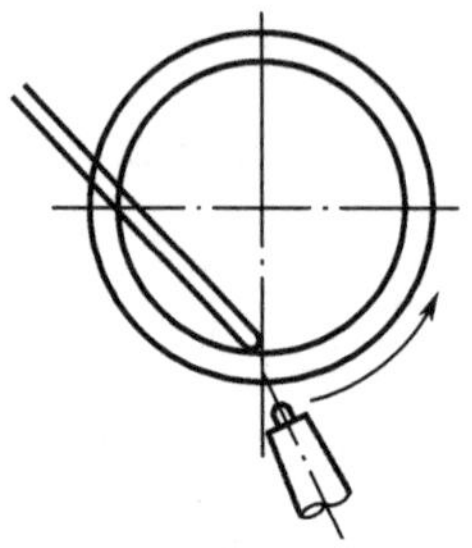

图 3-22 仰焊位置填丝方法

封口焊时,当电弧运至距定位焊缝或试管顶部收弧处 3~4 mm 时,停止送丝,先在封口处周围画圈预热,使之呈红热状态,然后将电弧拉回原熔池填丝焊接。封口后停止送丝继续向前施焊 5~10 mm 停弧,停弧后不要立即移开焊枪,要待熔池凝固后,再离开焊接区域。

后半部分焊接时为顺时针方向焊接,焊接方法与前半部分相同。打底焊焊缝厚度一般以 2~2.5 mm 为宜。

(3)盖面焊

盖面焊焊枪角度与打底层焊接相同,但由底向上焊接时只能采用外填丝法。在打底焊缝上引弧,由仰焊部位开始焊接,焊枪摆动方法为月牙形。坡口边缘及打底焊道表面熔化并形成熔池后,开始填丝焊接。填丝速度在仰焊位置时应适当放慢,以防熔池下坠。焊枪摆动至坡口两侧要稍加停顿,电弧伸入坡口边缘 0.5~1 mm,在坡口每侧时各过渡一滴熔滴,以保证熔敷金属与母材良好熔合。焊至立焊位置时,填丝速度要加快,以保证平焊缝饱满。盖面层的焊接,运弧要平稳,钨极端面与熔池距离为 2~2.5 mm。

3.4.4 能力训练

1. 任务描述

钨极氩弧焊管子对接焊(2G、5G)的主要工作任务是在对接接头上根据 2G 或 5G 的位置要求,调节合适的电流大小和气体流量,引燃电弧后移动焊枪形成符合要求的对接缝,对接焊缝的尺寸应符合要求,成形美观,焊缝表面及内部无裂纹、气孔等缺陷。作为一名焊接人员,该如何顺利完成钨极氩弧焊 2G 和 5G 的焊接操作呢?

2. 操作条件

(1)焊接设备采用 WS-300 弧焊整流器。

(2)试件采用碳钢(20#钢),尺寸为 ϕ50 mm×3.50 mm×100 mm 管子,每种焊接位置采用 2 根管子,坡口角度为 60°±1°。

(3)焊材材料:2G 和 5G 位置焊接时选用 TIG-50 焊丝(ϕ2.4 mm);钨极:W Ce-20(ϕ2 mm);氩气纯度≥99.95%,氩气流量 8~10 L/min,喷嘴直径 10 mm,钨极伸出长度 5~6 mm。

(4)焊前清理:管子坡口内部及其两侧 20~30 mm 内要清理干净。采用砂轮打磨或化学处理的方式去除板材表面的氧化膜、铁锈以及油和水等,并打磨出金属光泽。

(5)2G 管子装配定位焊,坡口间隙控制在 2~3 mm,采用 2 点定位,在 2 点钟和 10 点钟方位的坡口内,长度 5~10 mm,如图 3-23 所示。定位焊可采用断续填丝法或连续填丝法。定位焊缝要作为正式焊缝留在试件中,因此定位焊缝中不允许有气孔、夹钨、未焊透、未熔合和裂纹等缺陷的存在。试件固定高度一般为试板最底端至地面 500~650 mm。

(6)5G 管子装配定位焊,坡口间隙控制在 2.5~3 mm,定位焊长度 5~10 mm,定位焊方法基本与 2G 管子对接相同,如图 3-24 所示。试板固定高度一般为试板最底端至地面 800~900 mm。

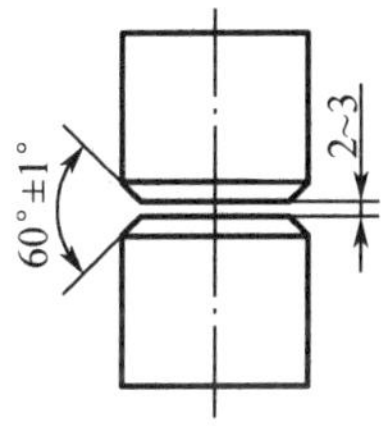

图 3-23　2G 管子装配

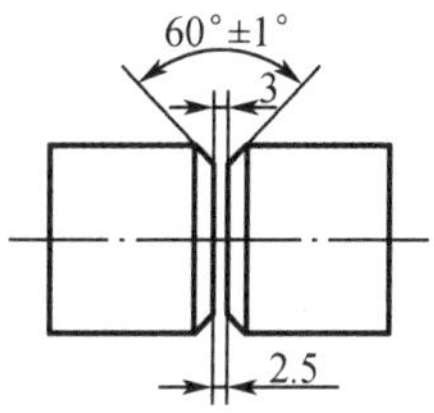

图 3-24　5G 管子装配

(7)2G 管子对接打底层焊接电流 60~70 A,电压 13~16 V;盖面层焊接电流 60~70 V,电压 13~16 V。

5G 管子对接焊打底层焊接电流 60~70 A,电压 13~16 V;盖面层焊接电流 60~70 A,电压 13~16 V。

3. 安全及注意事项

(1)正确使用焊接防护用品,身体不要接触焊件,焊接、换钨极、送丝时要戴好焊工手套。钨极氩弧焊必须使用头戴式焊接面罩。

(2)确保工作场所无可燃物,做到有效通风,照明良好。

(3)焊机电源外壳必须有良好的接地或接零,焊枪绝缘手柄必须完整无缺。

(4)焊接时严格遵守电焊作业“十不烧”要求。

(5)手工钨极氩弧焊由于需要双手操作(一手捻丝送丝,一手紧握焊枪焊接),操作时动作要更稳、更细、更协调。

(6)焊道的引弧、连接和收弧的方法要正确。

(7)正确使用焊接设备,调节焊接电流。

(8)焊缝的引弧和连接处平滑,无局部过高、过宽现象,收弧处无缺陷。

(9)2G 管子对接焊操作方法基本与横对接类似,不同的是管子是圆弧形,焊枪和焊丝要随圆弧转动。

(10)2G 管子对接打底层应在坡口内引弧,尽量采用短弧焊接,以减小熔池尺寸,从而防止熔池下坠。

(11)5G 管子对接焊按照仰对接—立对接—平对接的顺序由低向高进行焊接,这样熔孔容易观察,液态金属和熔渣易于分离,熔池温度和熔孔尺寸也较易控制。

(12)5G 管子对接焊打底焊焊枪从下向上焊接操作位置变化时,焊丝位置也随之发生变化。焊接时,引弧动作要准确稳定,灭弧动作要果断,每一滴液态金属的送进都要到位。

(13)5G 管子对接焊盖面焊仰焊位置开始焊接时采用月牙形摆动方法,在焊缝坡口两侧边缘要注意停顿,不得采用长弧焊接。填丝速度在仰焊位置时适当放慢,在立焊位置时,摆动频率适当加快,在平焊位置时,填丝速度要快,以保证焊缝饱满。

(14)焊接结束电弧熄灭后,焊枪须停留 3~5 s,继续让未冷却的焊缝受到气体保护并加速冷却,防止氧化。

(15)焊接结束切断电源,工具放回指定位置,清扫工作场所,做到工完料清。

4. 操作过程

(1)2G 管子对接操作过程(表 3-14)

表 3-14　2G 管子对接操作过程

序号	步骤	操作方法及说明	质量标准
1	劳防用品检查	帆布工作服、工作鞋、面罩、手套、防护眼镜等穿戴整齐	工作服、工作鞋等防护用品穿戴规范,无破损或遗漏
2	焊接设备、工具检查	检查接地线是否牢固,焊接电缆线、焊枪是否有破损,供气系统、水路等状态是否完好	接地线牢固,电缆、焊枪表面无破损,供气系统、水路等状态完好
3	管子焊前清理	使用砂轮机将管子对接接头坡口内部及其附近 20 mm 范围内的油漆、锈、水分及氧化皮等杂质清理干净	坡口表面清洁、干燥、露出金属光泽
4	管子试件装配	根据位置要求装配 2G 管子对接,留出适当间隙,并采用 2 点定位	

表 3-14(续)

序号	步骤	操作方法及说明	质量标准
5	2G 管子对接参数调节	打底层焊接电流 60~70 A,电压 13~16 V;盖面层焊接电流 60~70 A,电压 13~16 V	电流、电压偏差不超过 10%
6	2G 管子对接引弧	在 6 点钟方向坡口内侧空间引弧,电弧引燃后,将焊枪坡口根部作上、下画圈预热	当根部熔化形成熔孔后,即在坡口根部上、下两侧各送给一滴液态金属,摆动焊枪形成搭桥连接,然后开始正常焊接
7	2G 管子对接打底层焊接	焊丝填充时,应使焊丝端部从上侧坡口斜拉向下侧坡口根部,保证电弧一半用来熔化金属使之形成均匀焊缝,一半用来打开熔孔,保证背面焊缝成形	填丝时,动作要轻,焊丝端部要始终在氩气保护范围内,往复间断地将熔滴送入熔池前方,送丝速度要均匀。应注意控制熔孔尺寸,一般以熔化坡口上侧 1 mm,下侧 0.5 mm 为宜
9	2G 管子对接盖面焊操作	分两道进行焊接,第一道焊接时,电弧要对准打底层下侧焊缝的边缘,待焊缝呈熔化状态后,填丝焊接,采用上、下斜拉锯齿形运弧方法。第二道焊缝焊接时,电弧对准第一道焊缝的上边缘,熔池上边缘要超出管子坡口 0.5~1 mm,下边缘与第一道焊缝中心圆滑过渡	第二道焊缝焊接时,焊接速度要适当加快,并适当减少填丝量,以防熔池下坠。盖面层焊接时,钨极端部与熔池表面的距离要稍小些,以 1.5~2 mm 为宜
9	焊后清理	清理 2G 管子对接焊缝熔渣及飞溅等,打磨干净	焊缝表面无焊渣、飞溅等杂质残留,焊缝表面均匀光顺
10	焊后检验	使用手电筒、放大镜、焊接检验尺对 2G 管子对接焊缝进行外观检测	焊缝表面无气孔、裂纹等缺陷,焊缝成形尺寸及其偏差在要求范围内
11	焊后安全检查	关闭电源、检查火灾隐患、打扫场地	场地打扫干净、工具设备摆放整齐。

(2)5G 管子对接操作过程(表 3-15)

表 3-15　5G 管子对接操作过程

序号	步骤	操作方法及说明	质量标准
1	劳防用品检查	帆布工作服、工作鞋、面罩、手套、防护眼镜等穿戴整齐	工作服、工作鞋等防护用品穿戴规范,无破损或遗漏
2	焊接设备、工具检查	检查接地线是否牢固,焊接电缆线、焊枪是否有破损,供气系统、水路等是否完好	接地线牢固,电缆、焊枪表面无破损,供气系统、水路等状态完好
3	管子焊前清理	使用砂轮机将管子对接接头坡口内部及其附近 20 mm 范围内的油漆、锈、水分及氧化皮等杂质清理干净	坡口表面清洁、干燥、露出金属光泽
4	管子试件装配	根据位置要求装配 5G 管子对接,留出适当间隙,并采用 2 点定位	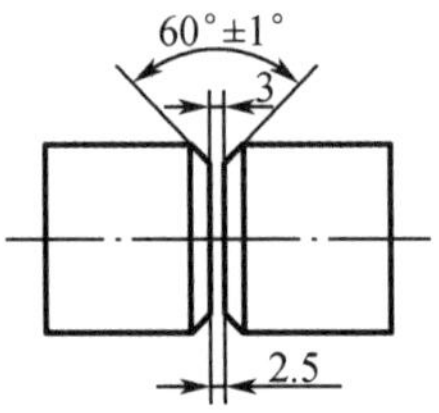
5	5G 管子对接焊接参数调节	打底层焊接电流 60~70 A,电压 13~16 V;盖面层焊接电流 60~70 A,电压 13~16 V	电流、电压偏差不超过 10%
6	5G 管子对接引弧	在管子底部仰焊位置坡口内侧空间划擦引弧,电弧引燃后在坡口根部间隙两侧用焊枪画圈预热,待坡口两侧根部熔化形成熔孔后,由管内侧紧贴熔孔送进焊丝	在根部熔化边缘两侧各送一滴液态金属,通过焊枪横向摆动,使之形成搭桥连接
7	5G 管子对接打底层焊接	应根据焊接位置的不同变换填丝方法,在仰焊时,宜采用内填丝,在立焊及平焊位置时,采用外填丝法。 在仰焊位置时,焊枪与焊接方向夹角为 70°~80°,焊丝与管内侧周向夹角为 15°~25°,至立焊位置时,焊枪与焊接方向夹角增加至 90°~105°,焊丝与试管外壁焊接方向夹角为 10°~15°	打底焊时注意焊丝及焊丝摆动方法,一般以锯齿形或月牙形摆动为宜。电弧熔化坡口每侧 0.5~1 mm,焊丝的送进要紧贴熔池,焊丝端部跟随电弧行走做小幅度横向摆动

表 3-15(续)

序号	步骤	操作方法及说明	质量标准
8	5G 管子对接盖面层焊接	在打底焊缝上引弧，由仰焊部位开始焊接，焊枪摆动方法为月牙形。坡口边缘及打底焊道表面熔化形成熔池后，开始填丝焊接。 焊枪摆动至坡口两侧要稍加停顿，电弧伸入坡口边缘 0.5~1 mm，在坡口每侧时各过渡一滴熔滴，以保证熔敷金属与母材良好熔合	盖面层的焊接，运弧要平稳，钨极端面与熔池距离为 2~2.5 mm
9	焊后清理	清理 5G 管子对接焊缝熔渣及飞溅等，打磨干净	焊缝表面无焊渣、飞溅等杂质残留，焊缝表面均匀光顺
10	焊后检验	使用手电筒、放大镜、焊接检验尺对 5G 管子对接焊缝进行外观检测	焊缝表面无气孔、裂纹等缺陷，焊缝成形尺寸及其偏差在要求范围内
11	焊后安全检查	关闭电源、检查火灾隐患、打扫场地	场地打扫干净、工具设备摆放整齐

问题情景一

2G 管子对接焊时，钨极端部与熔池的距离如何影响焊接质量？

提示 1　距离太近，易造成钨极与熔池、焊丝发生接触，使钨极烧损及熔池夹钨。

提示 2　距离太远，试件易产生未焊透，且气体保护效果变差。

问题情景二

某船管子安装时，有一 ϕ133 mm×8 mm 不锈钢管子水平穿过某碳钢船舱壁，问如何焊接管子与舱壁的环形角焊缝？

提示 1　按照 5G 位置管子对接的焊接顺序，按照仰角焊—立角焊—平角焊顺序，由下向上焊接。

提示 2　不锈钢与碳钢焊接必须使用相匹配的焊接材料，焊接方法可选用钨极氩弧焊或 CO_2 气体保护半自动焊。焊丝选用 309L。

5. 学习结果评价(表 3-16)

表 3-16　学习结果评价

序号	评价项目	评价标准	评分	得分
1	个人防护	帆布工作服、工作鞋、面罩、手套、防护眼镜等穿戴整齐、规范,无破损。漏做或未做,全扣	20	
2	焊前准备	配电箱完整、无漏电现象;焊接保护接地牢固;试板表面干净露出金属光泽。每项 5 分	15	
3	焊接过程	焊接参数调整正确;电弧稳定燃烧;收弧处弧坑饱满。每项 5 分	15	
4	焊后检验	焊缝宽度整齐,宽度差≤2 mm;焊缝余高≤3 mm,高度差≤2 mm;焊缝咬边深度≤0.5 mm,累计长度≤总长度的 20%;无内凹,正反面焊缝表面无气孔、裂纹、夹渣、未熔合等缺陷;管子母材表面无引弧痕迹。每项最多扣 5 分	30	
5	安全文明生产	无安全隐患、无违章操作,焊接结束场地清理干净。否则不得分	20	

3.4.5　课后作业

1. 填写操作流程

回顾钨极氩弧焊 2G 和 5G 管子对接的操作过程,填写表 3-17。

表 3-17　操作流程要求

工作步骤	步骤简述	注意事项
2G 管子装配	坡口间隙控制在________mm,采用________点定位,在________和________点钟方位的坡口内,长度________mm。定位焊可采用________填丝法或________填丝法	定位焊缝要作为________焊缝留在试件中,不允许有气孔、夹渣、夹钨、未焊透、未熔合和________等缺陷的存在。 试件固定高度一般为试板最底端至地面________mm

表 3-17(续 1)

工作步骤	步骤简述	注意事项
2G 管子引弧	在时钟__________点方向坡口__________空间引弧,电弧引燃后,将焊枪在__________做上、下画圈预热	当根部熔化形成__________后,即在坡口根部__________两侧各送给一滴液态金属,摆动焊枪形成__________连接,然后开始正常焊接
2G 管子打底焊操作	焊丝填充时,应使焊丝端部从__________坡口斜拉向__________坡口根部,保证电弧__________用来熔化金属使之形成均匀焊缝,__________用来打开熔孔,保证背面焊缝成形	填丝时,动作要__________,焊丝端部要始终在__________保护在内,往复间断地将熔滴送入__________前方,送丝速度要均匀。应注意控制__________尺寸,一般以熔化坡口上侧 1 mm,下侧__________ mm 为宜
2G 管子盖面焊操作	分__________进行焊接,第一道焊接时,电弧要对准打底__________焊缝的边缘,待焊缝呈熔化状态后,__________焊接,采用上、下斜拉锯齿形运弧方法。第二道焊缝焊接时,电弧对准第一道焊缝的__________,熔池上边缘要超出管子坡口__________ mm,下边缘与第一道焊缝中心圆滑过渡	第二道焊缝焊接时,但焊接速度要适当__________,并适当减少__________,以防熔池下坠。盖面层焊接时,钨极端部与熔池表面的距离要稍小些,以__________ mm 为宜
5G 管子对接引弧	在管子底部__________位置坡口内侧空间划擦引弧,电弧引燃后在坡口__________间隙两侧用焊枪画圈预热,待坡口两侧根部熔化形成熔孔后,由管内侧紧贴__________送进焊丝	在根部熔化边缘__________各送一滴液态金属,通过焊枪__________摆动,使之形成搭桥连接

表 3-17(续 2)

工作步骤	步骤简述	注意事项
5G 管子对接打底焊	应根据__________的不同变换填丝方法,在仰焊时,宜采用__________法,在立焊及平焊位置时,采用__________法。 在仰焊位置时,焊枪与焊接方向夹角为__________,焊丝与管内侧周向夹角为 15°~25°,至立焊位置时,焊枪与焊接方向夹角增加至__________,焊丝与试管外壁焊接方向夹角为__________	打底焊时注意焊丝及焊丝摆动方法,一般以__________或月牙形摆动为宜。电弧熔化坡口每侧__________ mm,焊丝的送进要__________熔池,焊丝端部跟随电弧行走做小幅度横向摆动
5G 管子焊接盖面焊	在打底焊缝上__________,由仰焊部位开始焊接,焊枪摆动方法为__________。坡口边缘及打底焊道表面熔化形成熔池后,开始填丝焊接。 焊枪摆动至坡口两侧要稍加__________,电弧伸入坡口边缘__________ mm,在坡口每侧时各过渡一滴熔滴,以保证熔敷金属与母材良好熔合	盖面层的焊接,运弧要平稳,钨极端面与熔池距离为 2~2.5 mm

2. 技能训练

通过反复练习,掌握基本操作要领,直到能独立完成符合标准的钨极氩弧焊 2G、5G 管子对接焊缝。

3. 流程描述

将钨极氩弧焊 2G、5G 管子对接的操作流程进行详细的梳理,结合 5S 管理要求,写在作业本上。

模块 4　船舶高效自动焊工艺(课外篇)

任务 4.1　认识目前常用船舶高效自动焊接工艺

4.1.1　概述

当前国内主要船舶如散货船、大型集装箱船、液化石油气(LPG)船、液化天然气(LNG)船等焊接自动化率已超过 30%,其船体结构主要的接头形式是对接接头(平对接、横对接、立对接)和 T 型接头(横角焊、立角焊),且根据船体建造的不同阶段,所采用的焊接工艺也有所区别,基本以埋弧自动焊和 CO_2 自动焊两大类为主,最新的主要自动焊工艺及其应用范围见表 4-1。

表 4-1　船体主要自动焊工艺应用范围

焊接方法	分类	位置	应用范围及特点
埋弧自动焊	双丝埋弧自动焊	平对接	平对接,20 mm 以下板厚可不开坡口,拼板需翻身
	焊剂铜衬垫单面埋弧自动焊(FCB 法)	平对接	平面分段流水线拼板平对接,焊接一次成形,不需翻身,生产效率高
CO_2 自动焊	CO_2 全位置小车自动焊	全位置	各种位置的对接缝和角接缝等,船体焊接的主要焊接方法
	16 电极双侧双丝 CO_2 自动横角焊(16 电极法)	平角焊	平面分段流水线纵骨横角焊,最多同时焊接 4 根纵骨 16 根焊丝同时焊接,效率极高
	气电自动立焊(EGW)	立对接	舷侧外板、斜旁板、纵舱壁板等部位的立对接自动焊,38 mm 以下可焊接一次成形
	双丝气电自动立焊	立对接	50~70 mm 的 EH36、EH40 钢焊接一次成形,效率非常高,但对钢材交货状态须严格限制

4.1.2 主要自动焊工艺

1. 双丝埋弧自动焊

双丝埋弧自动焊工艺是采用两根焊丝同时焊接，因此与普通单丝埋弧自动焊相比，对于20 mm以下钢板不需加工坡口，且拼板翻身再焊时省去了碳刨工作，可提高拼板平对接焊接作业的生产效率3倍以上。该工艺应用时拼板一面焊接后也需进行翻身作业。其设备有小车式、悬臂式或门架式等多种形式，电源配置有双电源双丝、单电源双丝等。前者每根焊丝都采用独立电源，设备如图4-1所示。

(a)　　(b)

图4-1　双丝埋弧自动焊设备

2. 焊剂铜衬垫单面埋弧自动焊(FCB法)

FCB法是平面分段流水线拼板焊接工位的主要焊接方法，目前国内大多数船厂都有引进，对于厚度为10~35 mm的钢板，采用FCB法焊接可一次成形，且拼板不需翻身进行封底焊，大大提高了拼板制作的生产效率，同时还节约了生产成本。其工艺原理是在铜垫板上均匀撒布4~6 mm厚的衬垫焊剂，然后再通过充气软管的压力使衬垫焊剂及铜衬垫紧贴在拼板接缝的反面，另借助电磁平台的电磁吸力使钢板进一步与衬垫紧贴，同时在坡口表面采用两根或三根焊丝(具体数目根据板厚而定)作为焊缝填充金属，焊接时正面通过表面焊剂自由成形，反面通过背面焊剂和铜衬垫强制成形完成平对接接头单面焊双面成形，原理如图4-2所示，焊接设备如图4-3所示。

FCB法设备配备了大型门架，各项焊接工艺参数均存储在焊接台车内的控制箱内，施焊过程中可通过控制箱上的控制面板反映出钢板厚度、焊接电流、焊接电压、焊接速度等参数。因此，焊前只需在焊接台车的控制面板上输入所需焊接的拼板的厚度即可进行焊接。不同板厚焊接时，铜衬垫需进行适当调整。

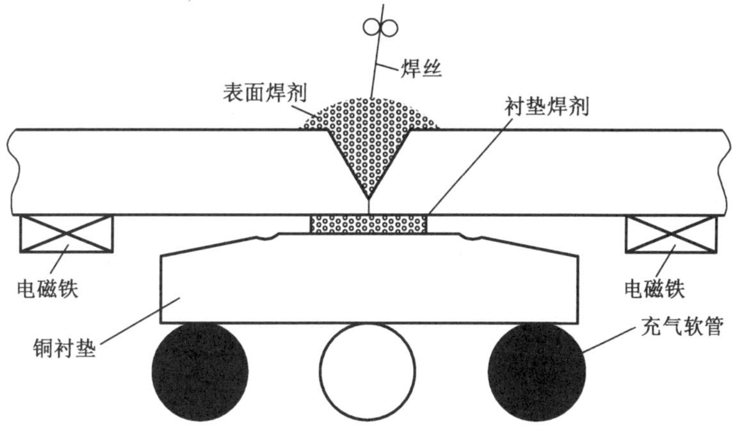

图 4-2　FCB 法工艺原理

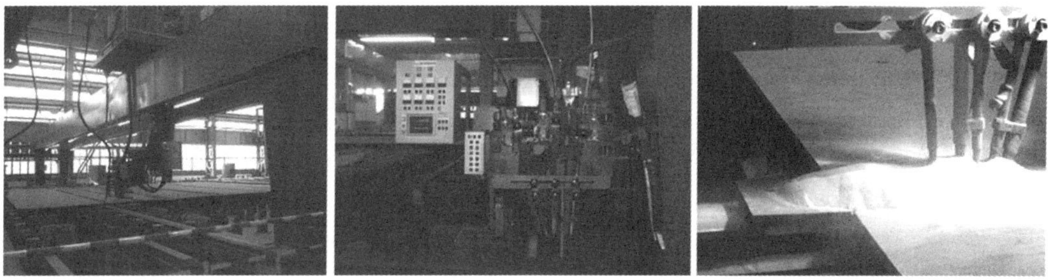

(a)　　(b)　　(c)

图 4-3　FCB 法设备图

3. CO_2 全位置焊接小车自动焊

当前采用的全依靠焊工自身技能水平来保证焊接质量的 CO_2 气体保护半自动焊工艺已无法满足现代高效造船焊接需求,需采用自动化焊接设备来提高效率和确保生产质量。CO_2 全位置焊接的小车的优势就在于小车在很大程度上可以取代焊工的手工操作,而且通过一人控制多台小车可以实现焊接生产效率提高 3 倍以上,是符合目前我国大多数船舶企业的重要设备。全位置焊接小车的优点如下:

(1)小车可适应各种焊接位置(平、横、立、仰)和各种接头(对接、T 型接头)的焊接需求,控制焊接摆动基本可实现与手工相似的动作。

(2)小车采用锂电池供电,完全可以满足现场分段、总组或搭载(船体或船坞)阶段复杂多变的生产环境,设备使用可靠。

(3)小车操作简单,焊工只需进行简单培训后即可上岗操作。

目前全位置焊接小车应用于各类船舶产品中,如图 4-4 至图 4-7 所示。由于采用全位置焊接小车,船体自动化率由原来的约 20%基本达到 30%以上,大大缩短了船体建造周期。

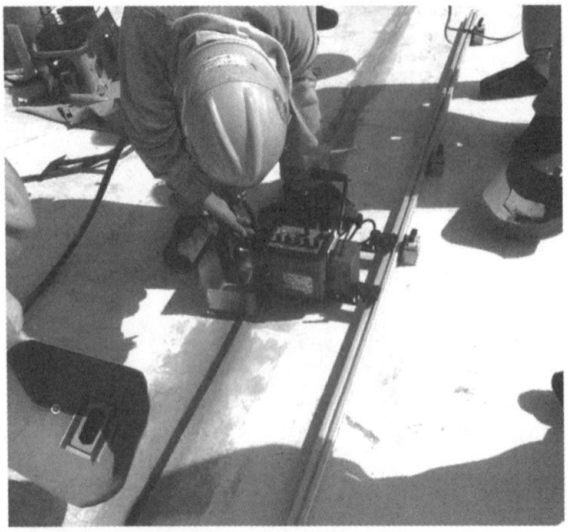

图 4-4　平对接自动焊

图 4-5　横对接自动焊

图 4-6　立对接自动焊

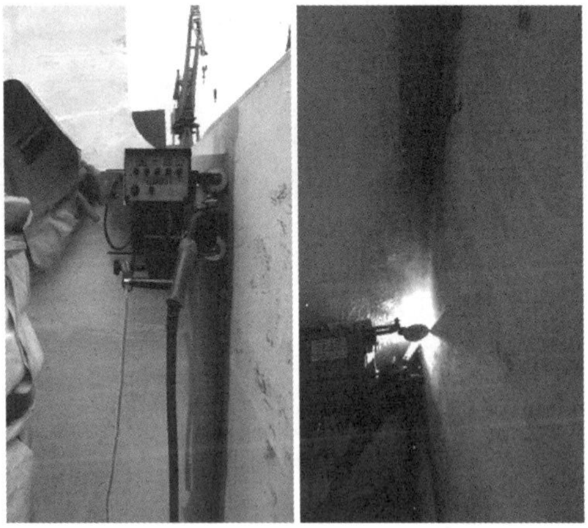

图 4-7　立角焊自动焊

4.16 电极双侧双丝 CO_2 自动横角焊(16 电极法)

16 电极法主要用于平面分段流水线纵骨焊接工位，用于 T 型接头横角焊，最多可同时焊接 4 根纵骨(8 条横角焊缝)，在 T 型接头两侧分别采用双丝(前丝和后丝)同时进行高速横角焊(图 4-8)，最快速度可达 1 m/min。且由于采用了直径 1.6 mm 的药芯焊丝，因此焊接生产率非常高。该工艺配备了大型门架以及四组焊接台车，分别对应 4 根纵骨，设备如图 4-9 所示。每组焊接台车分别对应一根纵骨(两条横角焊缝)，只用一组机头时即变为 T 牌流水线，可用于专门生产 T 牌纵骨；增加台车数量，即可同时焊接多根纵骨，目前国内的平面分段流水线多配备的是 4 组台车，也有最多配备 8 组台车的(即 32 电极法)。

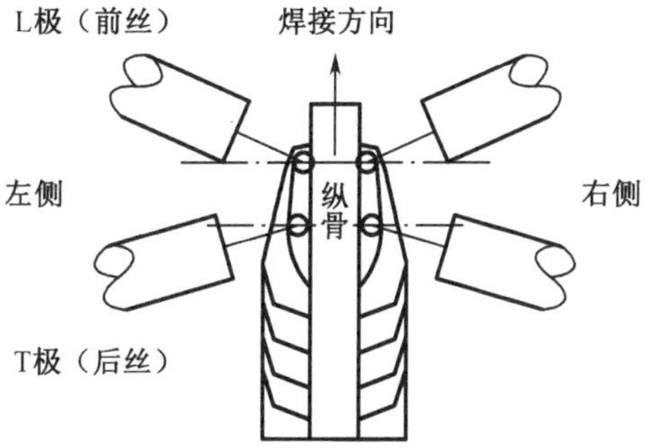

图 4-8　16 电极法焊接

(a)　　(b)

图 4-9　16 电极法设备

5. 气电自动立焊

气电自动立焊(EGW)是以 CO_2 气体保护采用焊丝直径 1.6 mm 的药芯焊丝,在立对接坡口的前、后分别采用水冷铜滑块和陶质衬垫对熔池强制冷却一次成形的自动化高效焊接方法,如图 4-10、图 4-11 所示。气电自动立焊的焊缝熔敷效率非常高,完成一条 10 m 长的焊缝仅需 4 h 左右,而采用常规 CO_2 气体保护半自动焊需要 2～3 天,因而可大大缩短船体总组或搭载阶段的建造周期。

该工艺是 20 世纪 80 年代末从日本引进国内的,经过二十多年的应用与发展,已经应用得较为成熟,使用范围也逐渐扩大,立对接缝的位置也由纯 90°的垂直面扩展到 80°～135°的倾斜面立对接缝(图 4-12),以及斜向的立对接缝等(图 4-13)。气电自动立焊工艺主要用于总组、搭载时立对接大接缝的焊接,对于 38 mm 及其以下的板材可一次焊接成形,且焊接质量稳定,成形美观,是目前自动化焊接工艺中应用最成功的高效焊接方法之一。

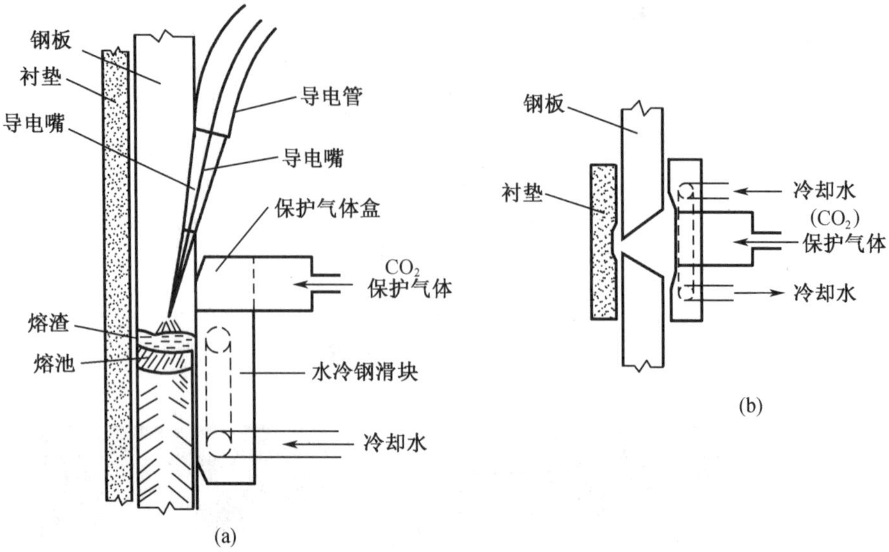

图 4-10　气电自动立焊原理

6. 双丝气电自动立焊

双丝气电自动立焊工艺是在坡口内部设两支气电立焊专用的焊枪(即坡口根侧焊丝和面侧焊丝),两根焊丝在焊接过程中同时焊接,形成液态的熔池金属将整个坡口填满,并通过坡口根部的陶质衬垫和坡口正面的水冷铜滑块进行强制冷却成形,使厚板立对接接头一次焊接双面成形的自动化焊接方法,如图 4-14、图 4-15 所示。该工艺对 50~84 mm 的超厚板立对接缝时,采用双丝同时焊接可一次成形,因此可大幅度提高厚板的焊接效率。

图 4-11　气电自动立焊设备

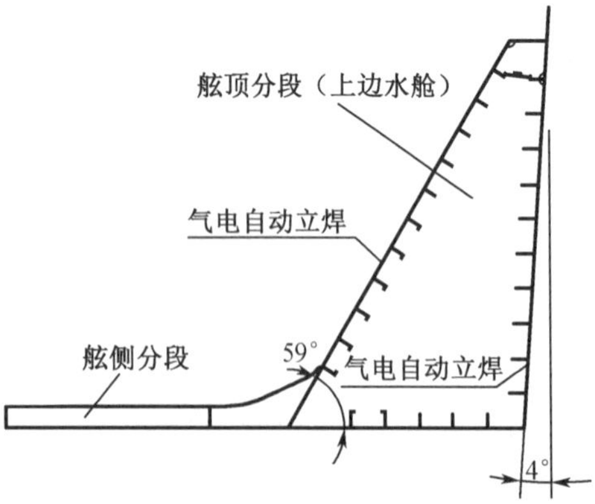

图 4-12　倾斜面气电自动立焊

图 4-13　斜向气电自动立焊

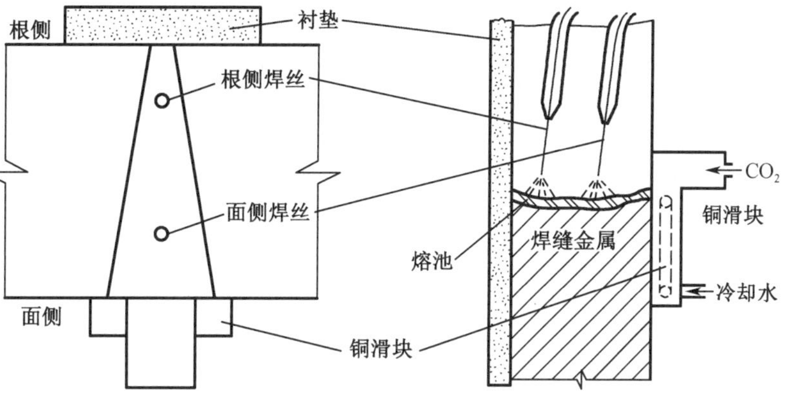

图 4-14　双丝气电自动立焊工艺原理

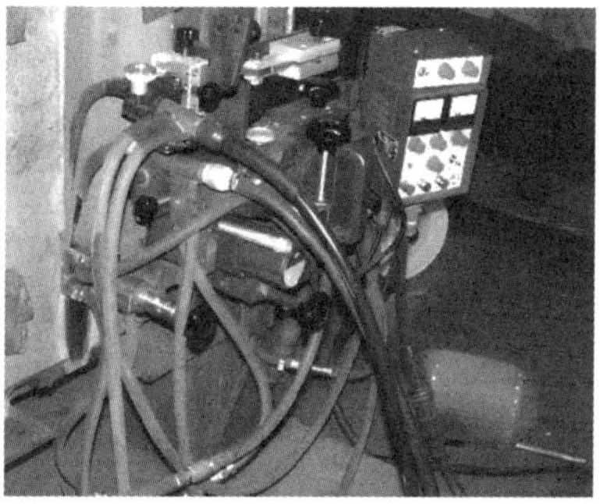

图 4-15　双丝气电自动立焊设备

需要指出的是双丝气电自动立焊焊接时线能量非常大,68 mm 的厚板焊接时线能量可达 400 kJ/cm,84 mm 的厚板焊接时焊接线能量可达 600 kJ/cm,因此如果钢材的交货状态仍选用常规的正火钢或热轧钢则易造成焊接接头热影响区晶粒粗大,甚至形成魏氏组织,造成韧性严重下降。因此,目前日本的新日铁和 JFE 以及国内的鞍山钢铁集团有限公司等船用钢板生产厂家都采用最新的冶金技术针对性地相继开发出了大线能量焊接用高强度船体结构钢,此类钢材在大线能量焊接条件下依然具有足够的冲击韧性,且焊前不需进行预热。该工艺已成功应用于 9400TEU 等大型集装箱船上(图 4-16)。

图 4-16　实船应用

任务 4.2　了解船舶高效自动焊最新发展方向

在世界范围内,20 世纪 90 年代中期,世界各主要造船企业已普遍完成了一轮现代化的技术改造。目前,在此基础上,又陆续启动了新一轮现代化改造计划,投资目标直接集中在高新技术上,投资力度进一步加大,大量采用自动化焊接生产系统和先进的焊接机器人技术,并且把焊接技术融入计算机集成制造系统(CLMS)。目前在各大先进船厂逐步从区域造船向敏捷造船过渡的阶段,有两项重点的焊接工艺值得关注。

4.2.1　焊接机器人的应用

机器人焊接是焊接自动化的最高水平,是计算机技术、自动控制技术、气体保护焊接技术的完美结合。该技术适用于船舶构件批量化、小型化焊接生产以及狭窄舱室短焊缝全位置焊接。日本的日立造船厂在 1992 年时应用机器人焊接的工作量已达到总焊接量的 20%,近几年正朝着 50%的目标努力,而远期的目标则要达到 80%。丹麦欧登塞船厂采用日本日立造船公司开发的轻便型数控机器人和自行开发的大型门式焊接机器人,计划使造船生产中 20%~25%的焊缝由焊接机器人来完成。日本 NKK 津船厂在 1995 年已建成了小组立装焊焊接机器人群的工作系统,实现了小组立装焊车间的无人化焊接。2003 年,韩国现代也已研发出 5 种获得国际认证的焊接机器人用于船厂焊接。日本钢管公司在 2000 年推出了一种仰焊机器人,能在干船坞里从船体下面焊接船底外板。该机器人是将两把焊枪水平地插入被焊钢板的间隙内,一个在上,一个在下,并使其做横摆运动来充填焊缝。焊枪上装有激光传感器,它能使机器人监控间隙宽度和焊接方向,并能从数据库中选择最佳焊接方案。焊枪与电源、控制设备装在一个4轮车架上,该系统采用了焊接、传感器和机器人等各方面的新技术,具有良好的实用性和先进性。奥地利的igm机器人系统公司在机器人船舶焊接方面做了大量工作,并在部分船厂有了较成功的工程应用,如图4-17所示。

(a)　　　　(b)

图4-17　机器人焊接

目前国内各大船厂都开始关注机器人焊接,江南造船(集团)有限公司提出了在部装的小型构件上首先尝试使用机器人焊接的设想,上海外高桥造船有限公司则提出了将简易机器人焊接技术作为发展方向的想法,大连船舶重工集团有限公司也提出了适时研究焊接机器人技术、增加技术储备的设想。2015年南通中远川崎船舶工程有限公司建成了船舶智能制造机器人生产线,2016年沪东中华造船(集团)有限公司在长兴岛也完成了智能制造车间的建设,船舶制造升级转型正在国内逐步实现。

4.2.2　激光-电弧复合焊接工艺

激光-电弧复合焊接工艺具有焊接速度快、自动化程度高、焊接热变形小等优点,是焊接技术发展中一项重要的新技术,如图4-18所示。与单纯的激光焊相比,焊接电弧的加入使得工件表面的熔合宽度增大,降低了对装配间隙、错边及对中度的敏感性,降低了对工件装配精度的要求,更加适应生产现场的实际情况。这项工艺已经在日本、韩国和欧美一些国家的造船领域得到广泛研究与应用。欧洲造船业为了巩固自己在高附加值军民用舰船市场份额上的优势地位,投以巨资,率先将激光焊接和激光复合焊接应用到舰船建造的实践中,有针对性地发挥其在上述高要求焊接作业环境中良好的适用性能,以期达到提高现有的生产效率、降低制造成本、增强企业竞争力的目的。经过多年持之以恒的不懈努力,积累了丰富的经验,其具有的激光焊接和激光复合焊接在造船业应用的技术及工艺水平处于国际领先地位。

1995 年德国玛雅(Meyer)船厂成功地把激光焊接技术用于钢制船体部件三明治结构的生产中,成为船舶制造业的里程碑。它标志着新的、先进的激光焊接技术代替传统热连接方式在重工业生产中的应用,三明治结构在船舶制造中的应用(提高了整船的强度、刚性和安全性,同时减小质量)为船体制造带来了结构性的变革。该厂用 12 kW CO_2 激光器和数字电源设备对 5 mm、8 mm、12 mm 和 15 mm 厚度的钢板进行了系统的焊接试验,试验结果表明,激光-电弧复合焊接工艺的综合焊接能力明显优于其他焊接工艺。2002 年,该厂率先将配有激光-电弧复合焊接装置的自动化生产线应用到大型船体部件的实际生产,对 20 m×20 m 的部件进行平板焊接,无须翻转焊件。目前该船厂已广泛使用 CO_2 激光-电弧焊接工艺。2016 年江南造船(集团)有限公司、上海外高桥造船有限公司等均在激光焊接技术方面取得了突破,完成了激光焊接关键技术的工艺开发,具备了实船应用的基础。

图 4-18　激光-电弧复合焊接

参 考 文 献

[1] 朱建华,秦毅,张翼飞.船舶电焊工基础工艺[M].哈尔滨:哈尔滨工程大学出版社,2021.

[2] 邹尚利,冯玉敏,杜冬梅.单面焊双面成形技术[M].北京:机械工业出版社,2003.

[3] 陈听梁,沈世瑶.船舶焊接手册[M].北京:国防工业出版社,1995.

[4] 应长春.船舶工艺技术[M].上海:上海交通大学出版社,2013.

[5] 曾乐.现代焊接工程手册[M].上海:上海科学技术出版社,1993.

[6] 吴润辉.船舶焊接工艺[M].哈尔滨:哈尔滨工程大学出版社,1996.

[7] 赵伟兴.船舶电焊工[M].北京:国防工业出版社,2008.

[8] 王鸿斌.船舶焊接工艺[M].北京:人民交通出版社,2007.

[9] 忻鼎乾,芮树祥.船舶焊接工艺学(中级)[M].哈尔滨:哈尔滨工程大学出版社,2006.

[10] 中华人民共和国国家质量监督检验检疫总局,中国国家标准化管理委员会.中国造船质量标准:GB/T 34000—2016[S].北京:中国标准出版社,2016.

[11] 中国船级社.材料与焊接规范[M].北京:人民交通出版社,2021.